Maravillas

Tu turno
Cuaderno de práctica

Mc
Graw
Hill
Education

www.mheonline.com/lecturamaravillas

Send all inquiries to:
McGraw-Hill Education
Two Penn Plaza
New York, N Y 10121

Printed in the United States of America.

8 9 LHS 20 19

C

Tabla de contenido

Unidad 1 · Piénsalo bien

Contenido

Unidad 2 · Animales fabulosos

Contenido

Unidad 3 · ¡Así se hace!

Contenido

Unidad 4 · ¿Realidad o ficción?

Contenido

Unidad 5 · Para entender mejor

Contenido

Unidad 6 · Pasado, presente y futuro

Nombre _____

| amuleto | desaparecer | horizonte | lluvia de ideas |
| carapacho | empinado | invencible | original |

Completa las oraciones con las palabras de vocabulario.

1. **(amuleto)** La niña dijo que su _____

_____

2. **(carapacho)** La tortuga se protege con el _____

_____

3. **(desaparecer)** Para que nadie me vea, voy a _____

_____

4. **(empinado)** Las cuestas para subir el monte _____

_____

5. **(horizonte)** El barco que se aleja _____

_____

6. **(invencible)** Roberto dice que es _____ porque _____

_____

7. **(lluvia de ideas)** Hemos decidido hacer _____ para ____

_____

8. **(original)** La traducción del libro _____

_____

Nombre _____

Lee la selección y completa el organizador gráfico de secuencia.

Personaje
Ambiente
Principio
Desarrollo
Final

Nombre _____

Lee el pasaje. Aplica la estrategia de hacer predicciones para imaginar lo que sucederá en el cuento.

El niño y el coyote astuto

	Un niño almorzaba en un campo en la granja de su abuela. La
13	granja era grande y, al explorarla, él vio muchas cosas esa mañana.
25	"No deambules por el bosque", le había advertido su abuela. Así que
37	se quedó en el campo. Mientras comía, el niño oyó el canto de un
51	azulejo.
52	"Seguiré el sonido del azulejo. Lo encontraré, contemplaré su
61	plumaje azul, escucharé su canto y le daré pan", pensó el niño.
73	El sol de la tarde ardía. Había que subir muchas colinas, pero el
86	niño estaba decidido a encontrar al azulejo, así que caminó lenta y
98	cautelosamente.
99	Pronto se topó con el coyote, quien no había tenido suerte en
111	encontrar su almuerzo. No tenía ni una migaja, ni un bocado de
123	comida.
124	—Hola —dijo el coyote—. Veo que estás disfrutando de un paseo.
135	—Estuve explorando la granja de mi abuela y ahora busco al
146	azulejo. Quiero escuchar su canto, ver sus bellas plumas y darle pan.
158	El coyote echó un vistazo al pan y se sintió aún más hambriento.
171	"Engañaré al niño para que me dé el pan", murmuró para sí mismo.
184	—Puedo cantar y actuar para ti. Luego, tú me puedes dar el pan
197	—dijo el coyote sonriendo.
201	—Pero los aullidos y ladridos no son un canto, y tu pelaje es
214	marrón —dijo el niño—. Yo quiero escuchar el canto del azulejo y
226	admirar su plumaje. Además, solo tengo suficiente pan para él.

Nombre _____

Como el plan inicial del coyote no funcionó, pensó rápidamente en uno nuevo.

—Entonces te ayudaré a buscar al azulejo —dijo el coyote—. Yo sé dónde canta y puedo guiarte a través del bosque.

El niño recordó la advertencia de su abuela, pero pensó que no sucedería nada malo.

—Muy bien, vamos —dijo el coyote—. ¡Debemos apresurarnos! El azulejo **partirá** pronto y cuando lleguemos no estará. El coyote comenzó a correr y le insistía al niño que fuera más deprisa.

El niño deseaba ver al azulejo. Pero cuanto más rápido corría, más se tropezaba con las raíces de los árboles. El bosque era cada vez más denso, lo que le hacía más difícil desplazarse.

En cambio, el coyote estaba acostumbrado a correr por el bosque y saltar por encima de las raíces sin caerse.

—¡Apresúrate! El azulejo de bello plumaje y hermoso canto se irá. Podrías correr más deprisa si no estuvieras cargando el pan. Yo puedo llevarlo para que corras más rápido.

Si crees que eso ayudará —dijo el niño—, tómalo.

El coyote tomó el pan con la boca y desapareció.

—¡Gracias por la comida! —aulló el coyote mientras lo devoraba.

El niño había sido engañado y ahora estaba perdido en el bosque. Por la noche encontró el camino de regreso a la casa de su abuela y le explicó lo que le había sucedido.

—Deberías saber que buscar un camino fácil en lugar del camino correcto trae problemas —le dijo ella—. Por suerte, solo perdiste un trozo de pan duro y viejo.

Nombre _____

A. Vuelve a leer el pasaje y responde las preguntas.

1. ¿Qué dos sucesos ocurren después de que el niño oye al azulejo?

_____

_____

_____

2. ¿Por qué es importante que el relato se desarrolle en el bosque?

_____

_____

_____

3. Sigue la secuencia de los sucesos para resumir la trama.

_____

_____

_____

_____

B. Trabaja con un compañero o una compañera. En voz alta, lean el pasaje durante un minuto. Presten atención a la entonación. Completen la tabla.

	Palabras leídas	–	Cantidad de errores	=	Puntaje: palabras correctas
Primera lectura		–		=	
Segunda lectura		–		=	

Nombre _____

La cola del oso

El oso le pidió a la zorra que le enseñara a pescar. La zorra tramposa le dijo:

—Haz un agujero en el hielo del lago y mete la cola allí. Los peces se prenderán a tu cola. Sácala después de un rato con un fuerte tirón.

El oso hizo lo que le había dicho la zorra y, cuando tiró para sacar los peces, la cola congelada se partió. Desde entonces, los osos tienen la cola corta.

Responde las preguntas sobre el texto.

1. **¿Cómo sabes que este es un cuento folclórico?**

   _____

   _____

2. **¿Qué característica del oso explica este relato?**

   _____

3. **¿Cuál puede ser la lección que aprende el oso?**

   _____

   _____

4. **¿Cómo te ayuda la ilustración a saber que este es un cuento folclórico?**

   _____

   _____

Nombre _____

Lee las oraciones. Encierra en un círculo los sinónimos que te ayudan a comprender el significado de las palabras en negrillas. Luego, escribe una definición para cada una con tus palabras.

1. Es muy divertido **explorar** las salas del museo. Puedes descubrir cosas que nunca has visto.

_____

2. El piloto dijo que el avión **partiría** en cinco minutos. Me alegra que salgamos a tiempo.

_____

3. El camello iba **cargado** con muchos paquetes. La gente se admiraba de que pudiera llevar tanto peso.

_____

4. Ella **tropezó** en la habitación al chocar con la silla nueva.

_____

5. Los **aullidos** del animal asustaron a los campistas. Nunca habían oído un sonido tan fuerte en el bosque.

_____

6. Mi primo se **acostumbró** a dormir tarde durante el verano. Ahora le cuesta habituarse al horario escolar.

_____

7. Cuando llegó el momento de **actuar** frente al juez, la cantante se puso nerviosa. Ella no había cantado en mucho tiempo.

_____

Nombre _____

A. Lee el borrador de ejemplo. Las preguntas te ayudarán a pensar en detalles descriptivos que puedes agregar.

Borrador

Había una vez un cachorro de puma que quedó huérfano. La princesa de la tribu Chichigua lo crió. Al crecer, el puma se convirtió en el mejor amigo de la princesa y cuidaba a la comunidad.

---

1. ¿Dónde y cuándo ocurre este relato?

2. ¿Qué detalles descriptivos se pueden agregar para ayudar al lector a visualizar a la princesa?

3. ¿Por qué el puma se hizo amigo de la princesa?

4. ¿Qué detalles descriptivos podrían dar más información acerca del puma?

B. Ahora revisa el borrador y agrega detalles descriptivos que ayuden a los lectores a conocer mejor a la princesa, al puma y a la tribu.

_____

_____

_____

_____

_____

_____

_____

_____

Nombre _____

A partir de evidencias en el texto de dos fuentes distintas, Kyle respondió la pregunta: *¿De qué forma aprenden los personajes de ambos relatos sobre sí mismos? Incluye detalles descriptivos de los dos textos.*

Los personajes de ambos relatos aprenden sobre sí mismos gracias a los sucesos que se les presentan y a las acciones que realizan.

En *La piedra del Zamuro*, Tío Conejo desea ser más fuerte para poder vencer a sus depredadores. Así, pasa por cuatro arduas pruebas para poder obtener la piedra del Zamuro. Finalmente, tras pasar las cuatro pruebas, el Rey Zamuro le dice que el poder no está en la piedra, ¡sino en él mismo!

En "Tomás y sus hijos", Tomás y María son unos laboriosos campesinos que cultivan uvas. Sin embargo, sus tres hijos son perezosos y holgazanes. Tomás y María se preguntan: "¿Qué será del viñedo en el futuro?", así que para salvar el viñedo le dicen a sus hijos que hay un tesoro enterrado en sus tierras. Los muchachos deciden ayudar a buscarlo, y años después entienden que el viñedo siempre fue el tesoro.

Los personajes de los cuentos deben pasar por nuevas experiencias para comprender lecciones valiosas sobre sí mismos.

Vuelve a leer el pasaje y sigue las instrucciones.

1. **Encierra en un círculo** tres adjetivos. Elige palabras de distintos párrafos.

2. **Subraya** la oración que tenga detalles descriptivos.

3. **Encierra en un cuadrado** la oración con la que Kyle concluye su escrito.

4. **Escribe** una frase exclamativa que haya incluido Kyle.

_____

Nombre _____

aplastado	banqueta	charco	responsable
autoestima	basurero	compañero	sonriente

Completa las oraciones con las palabras de vocabulario.

1. **(aplastado)** Cuando llegué a lo alto del resbaladero me di cuenta de que _

_____

2. **(autoestima)** Practicar un deporte y hacer lo que te gusta, _____

_____

3. **(banqueta)** Los carros deben transitar por la calle _____

_____

4. **(basurero)** Es importante que reciclemos y reutilicemos algunas cosas ___

_____

5. **(charco)** Las botas de caucho son muy útiles _____

_____

6. **(compañero)** El salón de clases es un lugar _____

_____

7. **(responsable)** Los padres y maestros _____

_____

8. **(sonriente)** Una de las virtudes más agradables que alguien puede tener _

_____

Nombre _____

**Lee la selección y completa el organizador gráfico de problema
y solución.**

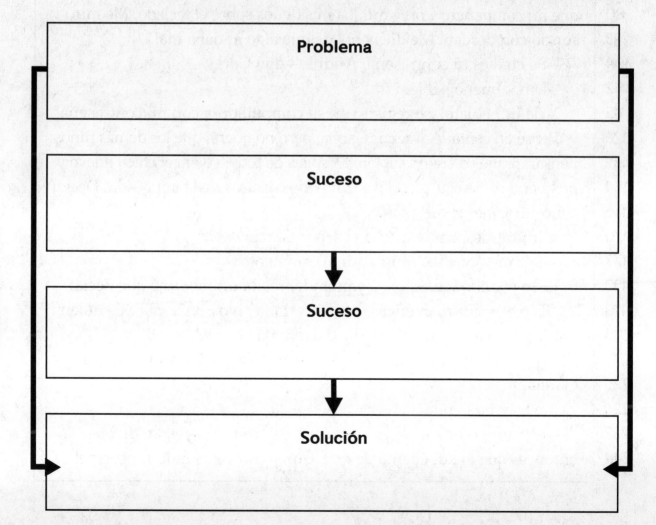

Nombre _____

Lee el pasaje. Aplica la estrategia de hacer predicciones para verificar que comprendes el texto.

El ciberacosador

	Cada vez que me subía al autobús de la escuela, me sentía mal. Sentía
14	mariposas en el estómago. Hacía poco me había cambiado a una nueva
26	escuela y nadie en el autobús hablaba conmigo. Estaba seguro de que
38	nunca haría nuevos amigos. De buenas a primeras, y en plena primera
50	semana de escuela, ya estaba en problemas.
57	Todo comenzó cuando mi maestro, el señor García, nos llevó al aula
69	de informática para hacer una tarea. Me estaba registrando cuando noté
80	que mi compañero Corey miraba mis dedos sobre el teclado. Me miró y
93	sonrió con desdén. Me di cuenta de que algo andaba mal.
104	—Sé cuál es tu contraseña, Andrés —dijo Corey.
112	—Um... bueno —dije.
115	Y de inmediato, ¡se registró en su computadora con mi contraseña!
126	Pensé en contarle al señor García, pero no quería que los demás niños
139	pensaran que yo era un soplón. Después de todo, yo era el chico nuevo y
154	no quería comenzar con el pie izquierdo o causar mala impresión. Decidí
166	concentrarme en mi trabajo.
170	Minutos después, escuché al señor García decir:
177	—Andrés, ¿puedes venir aquí un momento?
183	Justo cuando me estaba levantando, recibí un mensaje que decía:
193	"Es mejor que mantengas la boca cerrada". No podía saber de quién
205	era, ya que venía desde mi propia cuenta de correo.
215	—¿Qué significa este correo que me enviaste? —preguntó el señor
225	García.
226	¡Lo leí y no lo podía creer!
233	—¡Pero si no he estado en el correo electrónico! —respondí. Fue
244	entonces que me di cuenta de que ¡Corey estaba usando mi correo!

Nombre _____

—Yo... yo... —dije. Me sentí entre la espada y la pared. Quería decir la verdad a toda costa, pero eso significaba meter a Corey en problemas. Me preocupaba lo que los demás estudiantes pensaran de mí. Dudé y pensé en qué hacer.

—Lo siento —dije, al decidir no contar lo que pasó.

—Tu castigo será quedarte en la escuela después de clases —dijo el señor García. Sacó una hoja de castigo de color rosado y escribió mi nombre en ella. Me sentí humillado mientras caminaba de regreso a mi asiento. Cuando sonó la campana que anunciaba el final del día en la escuela, todo el mundo se levantó de sus pupitres para salir, pero yo me quedé atrás para cumplir con el castigo.

—Es una lástima —se burló Corey mientras salía. Entonces comprendí que si yo lo permitía, Corey seguiría intimidándome. Decidí ser valiente. Me levanté y me acerqué al señor García.

—Señor García —le dije—. Tengo que contarle algo. Y le dije toda la verdad sobre Corey, su robo de mi contraseña, el uso de mi cuenta de correo, y que yo lamentaba no haberlo dicho antes.

—Ya veo —dijo el señor García—. Te aconsejo decir siempre la verdad, Andrés, aunque eso signifique meter a alguien en problemas. Mañana tendré una charla con Corey.

Yo seguía preocupado porque los demás estarían enojados conmigo al saber que le conté al señor García lo que había hecho Corey. Pero en el autobús de la tarde reconocí a una niña de mi clase que se sentó junto a mí.

—Me enteré de lo que pasó —dijo en voz baja—. Sabes, pudiste contarnos. Nadie tiene por qué enfrentarse solo a un agresor. Otro chico se dio la vuelta y me sonrió.

—Alana está en lo cierto —dijo el chico—. Te habríamos ayudado. ¿Para qué son los amigos? Hola, mi nombre es Juan.

Nombre _____

A. Vuelve a leer el pasaje y responde las preguntas.

1. ¿Cuál es el problema que afronta Andrés?

_____

_____

_____

2. ¿Por qué le preocupa a Andrés contarle la verdad al señor García?

_____

_____

_____

3. ¿Cuál es la solución al problema de Andrés?

_____

_____

_____

B. Trabaja con un compañero o una compañera. En voz alta, lean el pasaje durante un minuto. Presten atención a la expresión y al ritmo. Completen la tabla.

	Palabras leídas	–	Cantidad de errores	=	Puntaje: palabras correctas
Primera lectura		–		=	
Segunda lectura		–		=	

Nombre _____

La confusión de Pablo

—Pablo, ¿asistirás a la función de la próxima semana, verdad? —preguntó Rosa mientras los estudiantes guardaban sus instrumentos.

—¡Claro que sí! —dijo Pablo—. ¡Hemos practicado mucho durante los últimos meses!

Luis miró a Pablo con curiosidad. —Pero dijiste que no podrías. ¿Qué pasa con el viaje que harás con tu familia?

Pablo quedó estupefacto. Toda la semana había estado pensando en la función y ¡olvidó por completo el viaje con su familia!

Responde las preguntas sobre el texto.

1. ¿Cómo sabes que este es un texto de ficción realista?

_____

_____

2. ¿Qué elementos literarios incluye el texto?

_____

_____

3. ¿En qué forma el diálogo vuelve realista al relato?

_____

_____

4. ¿Qué detalles sobre Pablo lo convierten en un personaje creíble?

_____

_____

Nombre _____

A. Lee los modismos. Encuentra y subraya un modismo en cada oración. Luego, encierra en un círculo las claves de contexto que te ayudan a comprenderlo.

mariposas en el estómago	entre la espada y la pared
de buenas a primeras	comenzar con el pie izquierdo

1. Cada vez que me subía al autobús de la escuela me sentía mal. Sentía mariposas en el estómago. Hace poco, me había cambiado a una nueva escuela, y nadie en el autobús hablaba conmigo. Estaba seguro de que nunca haría nuevos amigos.

2. De buenas a primeras, y en plena primera semana de escuela, ya estaba en problemas.

3. Me sentí entre la espada y la pared. Yo quería decir la verdad a toda costa, pero eso significaría meter a Corey en problemas.

4. No quería comenzar con el pie izquierdo o causar mala impresión.

B. Lee las oraciones. Subraya los modismos y escribe una definición para cada uno con tus propias palabras.

1. El examen fue pan comido porque las preguntas estaban muy fáciles.

_____

_____

2. Él me seguía molestando hasta que le dije que la cortara.

_____

_____

Nombre _____

A. Lee el borrador de ejemplo. Las preguntas te ayudarán a pensar en detalles que puedes agregar al suceso central.

Borrador

Daniel quería presentarse como candidato a la presidencia de su clase. Le pidió ayuda a su amigo. Necesitaba proponer buenas ideas.

—¿Qué tal si propones un día de baile para toda la escuela? —dijo su amigo emocionado.

---

1. ¿Por qué quería Daniel presentarse como candidato a la presidencia de su clase?

2. ¿Por qué escogió a su amigo para que lo ayudara?

3. ¿Qué pensó Daniel sobre la idea de su amigo?

4. ¿Qué detalles describirían los sentimientos de Daniel y sus reacciones?

B. Ahora revisa el borrador y agrega detalles para ayudar a los lectores a entender mejor e imaginarse el suceso.

_____

_____

_____

_____

_____

_____

_____

_____

Nombre _____

Petra incluyó evidencia del texto de dos fuentes diferentes para responder la pregunta: *¿Cómo convencerías al personaje que tiró el plátano a la banqueta y a un estudiante agresor de que sus acciones afectan a los demás? Incluye un diálogo en tu actividad.*

Una forma de convencer a los personajes de cada relato podría ser persuadirlos mediante el diálogo de que sus acciones pueden afectar a otros.

Al personaje de *¿A quién le toca?* le diría:

—El plátano que tiraste en la banqueta provocó que Elvira sufriera una aparatosa caída, ensuciara su pantalón y arruinara su cuaderno de Geografía. ¿Te das cuenta de todos los problemas que le causaste?

—Sí, soy consciente; si no fuera por mí, "Elvira estaría subiendo al autobús e iría sonriente con su pantalón limpio" —respondió él.

A un agresor, como los que describen en "Denuncia el acoso escolar", le diría:

—Ponte en los zapatos de la persona a la que agredes. Estoy segura de que no te gustaría que se burlaran, golpearan, ignoraran o difundieran historias malintencionadas sobre ti.

—De acuerdo. "Todos tienen derecho a sentirse seguros y a ser tratados con respeto" —resongó el agresor.

El personaje del relato y los agresores descritos en el texto pueden cambiar si piensan en cómo afectan sus acciones a los demás.

Vuelve a leer el pasaje y sigue las instrucciones.

1. **Subraya** el diálogo en el que Petra intenta convencer al personaje del relato.

2. **Encierra en un círculo** la oración del último párrafo en la que se enfoca el suceso que causa el problema.

3. **Encierra en un cuadrado** tres adjetivos.

4. **Escribe** una oración con predicado simple que Petra haya incluido en la actividad.

Nombre _____

alterar	considerable	destrucción	impredecible
colapsar	crisis	grave	riesgo

Completa las oraciones con las palabras de vocabulario.

1. **(alterar)** Cuando ella se dio cuenta de que iba a llover, _____

_____

2. **(colapsar)** El fuerte que construimos con palitos de madera era muy frágil;

_____

3. **(considerable)** Reconstruir todo después del huracán _____

_____

4. **(crisis)** Cuando se apagaron todas las luces de la ciudad, _____

_____

5. **(destrucción)** Cuando el maremoto golpeó los árboles de la playa, _____

_____

6. **(grave)** Interrumpieron el espectáculo _____

_____

7. **(impredecible)** Tratamos de atrapar la luciérnaga, _____

_____

8. **(riesgo)** Cuando nuestro barrio se inundó, _____

_____

Nombre _____

Lee la selección y completa el organizador gráfico de comparar y contrastar.

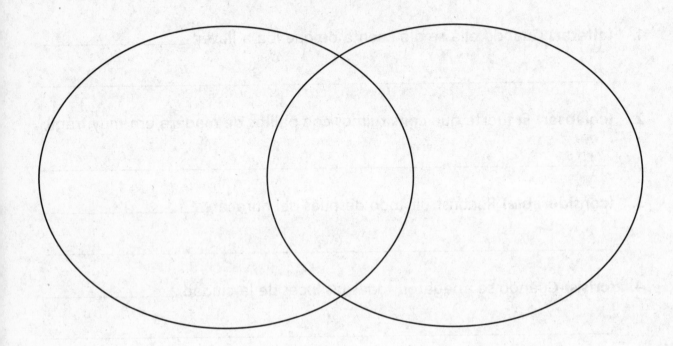

Nombre _____

Lee el pasaje. Aplica la estrategia de volver a leer para verificar que comprendes el texto.

Subida de aguas

10	¿Alguna vez has presenciado un terremoto o un tornado? Quizás estas cosas nunca sucedan donde vives. Sin embargo, en casi cualquier
21	parte de Estados Unidos pueden ocurrir inundaciones. No todas las
31	inundaciones son iguales. Algunas suceden a lo largo de muchos días,
42	pero una inundación repentina puede suceder en minutos. Aprender
51	sobre las inundaciones te ayuda a permanecer a salvo.

60 ¿Por qué ocurren las inundaciones?

65	Hay dos tipos de inundaciones. El primer tipo se presenta cuando un
77	río tiene demasiada agua. El agua desborda las orillas del río. Esto puede
90	ocurrir porque ha habido mucha lluvia a causa de las tormentas. En los
103	ríos cercanos a las montañas, la nieve derretida también puede causar
114	inundaciones. El clima cálido derrite rápidamente la nieve, lo cual hace
125	que el agua fluya hacia abajo e inunde los ríos.
135	La segunda clase de inundaciones ocurre cuando el agua del mar
146	ingresa a tierra firme. Esto sucede durante los huracanes. Los fuertes
157	vientos soplan sobre el agua y la empujan hacia la tierra. Los terremotos
170	también pueden ocasionar este tipo de inundaciones. El movimiento
179	repentino de la tierra puede ocasionar la formación de paredes de agua
191	que corren hacia la orilla.

Nombre _____

¿Qué pasa después?

Puede haber muchos problemas después de una inundación. Si una granja se inunda, el agua puede ahogar los cultivos. Esto significa que no habrá suficientes alimentos para las personas. Las inundaciones también causan daños en los edificios y puentes. ¡Incluso pueden arrasar con carreteras enteras! Esto hace más difícil que los rescatistas ayuden a las personas que quedaron atrapadas por el agua. Pero es muy importante llevar alimentos y agua potable a las personas durante una inundación, pues es posible que el agua haya arrasado con todas sus propiedades, o que estén cubiertas por los escombros. Las alcantarillas pueden desbordarse y ensuciar el agua potable, lo cual la convierte en algo peligroso. Sin comida ni agua limpias, la gente puede enfermarse.

¿Cómo se pueden evitar las inundaciones?

Muchas personas trabajan para evitar las inundaciones. En muchos países se construyen muros para mantener el agua lejos de la tierra. En un lugar de Inglaterra hay un muro de metal que atraviesa un río. Este muro se eleva cuando el nivel del mar es muy alto, lo que evita que el río

Photo by Lynn Betts, courtesy of USDA Natural Resources Conservation Service

se inunde. Muchas ciudades de Estados Unidos han vendido parte de sus tierras para que el gobierno cree humedales. Estos absorben el agua de las inundaciones y evitan que el agua llegue a las ciudades y las dañe.

Las inundaciones pueden producir temor, pero no duran para siempre. Hay personas que trabajan para que las inundaciones sean menos perjudiciales para las personas, las construcciones y las tierras. Saber cómo ocurren las inundaciones y estar preparado para ellas puede mantenerte a salvo.

Nombre _____

A. Vuelve a leer el pasaje y responde las preguntas.

1. ¿Cuáles son los dos sucesos que se comparan en el segundo y tercer párrafos?

_____

_____

_____

2. ¿Qué tienen esos dos sucesos en común?

_____

_____

_____

3. ¿En qué se diferencian esos dos sucesos?

_____

_____

_____

B. Trabaja con un compañero o una compañera. En voz alta, lean el pasaje durante un minuto. Presten atención a la precisión. Completen la tabla.

	Palabras leídas	–	Cantidad de errores	=	Puntaje: palabras correctas
Primera lectura		–		=	
Segunda lectura		–		=	

Nombre _____

Los incendios forestales

Los incendios forestales comienzan y se extienden de distintas formas. El tipo de incendio y las plantas del lugar influyen en la manera en que se propaga el fuego. Hay tres clases de incendios. El primero se llama incendio de subsuelo. Se mueve por el suelo, y a veces por debajo de las hojas y plantas muertas. Estas se convierten en un material que puede arder por semanas y meses. En el segundo, que se llama incendio de superficie, las plantas pequeñas, las ramas y los troncos podridos se queman. Algunas veces, las llamas se elevan y se propagan. El tercero se llama incendio de copa. Este arde y se extiende a través de las copas de los árboles. El viento puede propagar las llamas.

Responde las preguntas sobre el texto.

1. **¿Cómo sabes que este es un texto expositivo?**

_____

2. **¿Qué características de texto incluye el pasaje?**

_____

3. **¿Cuál es el título del texto? ¿Cómo podría ser más específico?**

_____

_____

4. **¿Qué muestra el diagrama? ¿Cómo aporta algo al texto?**

_____

_____

_____

Nombre _____

Lee los pasajes. Subraya las claves de contexto que te ayudan a comprender el significado de las palabras con significado múltiple que están en negrillas. Luego, escribe el significado de estas palabras.

1. Hay dos tipos de inundaciones. El primer tipo se presenta cuando un **río** tiene demasiada agua. El agua se desborda en las orillas del río.

   _____

2. Aprender sobre las inundaciones te ayuda a permanecer a **salvo**.

   _____

3. Las inundaciones también causan daños en los edificios y puentes. ¡Incluso pueden **arrasar** carreteras enteras! Esto hace más difícil que los rescatistas ayuden a las personas que quedaron atrapadas por el agua.

   _____

4. El agua se desborda en las **orillas** del río. Esto puede ocurrir porque ha habido mucha lluvia a causa de las tormentas.

   _____

Nombre _____

A. Lee el borrador de ejemplo. Las preguntas te ayudarán a pensar en detalles de apoyo que puedes agregar.

Borrador

El parque que está cerca de mi casa es un gran lugar para pasar el tiempo. Muchas personas disfrutan caminar o practicar senderismo y observar la naturaleza. El parque tiene campos de béisbol.

---

1. ¿Por qué el parque es un buen lugar?

2. ¿Qué detalles mostrarían cómo se ve el parque?

3. ¿Qué clase de animales y plantas puede haber en el parque?

4. ¿Qué le añaden los campos de béisbol al parque?

B. Ahora revisa el borrador y agrega detalles de apoyo que ayuden a los lectores a saber más sobre el parque.

_____

_____

_____

_____

_____

_____

_____

Nombre _____

A partir de evidencias en el texto de dos fuentes distintas, Sara respondió la pregunta: *¿Cómo afectan los desastres naturales la vida de las personas?*

Tanto los terremotos como los tornados son desastres naturales que afectan la vida de las personas. Cuando se presenta un terremoto, es posible que los edificios colapsen. Sus habitantes pueden resultar heridos, e incluso algunos pierden su hogar. Esto sucede cuando las edificaciones se encuentran cerca de fallas en la corteza terrestre. El autor afirma que la corteza se parece a "un rompecabezas". Un terremoto sucede cuando las piezas de este rompecabezas se mueven. Aunque la mayoría de las veces los terremotos son leves e inofensivos, algunos causan graves daños.

Los tornados también producen una gran devastación. Tienen forma de embudo, aparecen de la nada y avanzan rápidamente por el suelo. El viento de un tornado es muy fuerte, pues puede destrozar edificaciones y arrancar árboles. Para sobrevivir a un tornado es importante encontrar un refugio seguro. Debido a que los tornados pueden destruir casas y lanzar autos por los aires, muchas personas se lastiman con los objetos que giran alrededor del embudo que se forma.

Vuelve a leer el pasaje y sigue las instrucciones.

1. **Encierra en un círculo** los detalles del texto que sustentan la respuesta de Sara.

2. **Subraya** una oración que tenga una comparación.

3. **Encierra en un cuadrado** el ejemplo de un modismo.

4. **Escribe** una de las oraciones compuestas que incluyó Sara.

_____

_____

Nombre _____

acelerar	capacidad	fricción	identidad
averiguación	emocionante	gravedad	ventaja

Completa las oraciones con las palabras de vocabulario.

1. **(acelerar)** Cuando voy cuesta abajo, _____

   _____

2. **(averiguación)** Uso internet _____

   _____

3. **(capacidad)** Mi amigo es bueno en matemáticas e inglés _____

   _____

4. **(emocionante)** En el parque de atracciones, la montaña rusa _____

   _____

5. **(fricción)** Uso los frenos de mis patines _____

   _____

6. **(gravedad)** La manzana cayó del árbol _____

   _____

7. **(identidad)** El policía me pidió _____

   _____

8. **(ventaja)** El hecho de que el jugador de baloncesto sea tan alto _____

   _____

Nombre _____

Lee la selección y completa el organizador gráfico de causa y efecto.

Causa	→	Efecto
	→	

Nombre _____

Lee el pasaje. Aplica la estrategia de volver a leer para entender nuevos hechos o explicaciones difíciles.

Una lección en la estación de bomberos

	Julia se sentó en una mesa grande en la estación de bomberos para
13	afrontar su tarea. Su hermano mayor, Carlos, que es bombero, se
24	sentó a ver televisión cerca de ella.
31	—No sé por qué tengo que estudiar aquí. Hay mucho ruido —dijo Julia.
44	—Mamá no está en casa, así que lo mejor es que estés aquí
57	conmigo —respondió Carlos—. Dime, ¿en qué estás trabajando?
65	—En la tarea de ciencias de la señora Pérez, y está muy difícil
78	—respondió ella.
80	Carlos se acercó a Julia y le dio un vistazo a su cuaderno.
93	—¡Me acuerdo de esto! —dijo sonriendo—. Tal vez pueda ayudarte.
103	**La fuerza de gravedad**
107	Carlos se acercó a la barra de descenso, que es un tubo de metal que
122	atraviesa un agujero en el suelo que conecta los dos pisos de la estación.
136	—Esta barra nos permite llegar a la planta baja y a un incendio
149	más rápido que si bajáramos por la escalera —le explicó Carlos.
160	Entonces agarró la barra y se deslizó hacia el primer piso. Julia
172	brincó de su asiento y miró a su hermano a través del agujero.
185	—La gravedad me jaló hasta aquí rápidamente —le gritó Carlos y
196	luego subió las escaleras hasta el segundo piso—. La gravedad es la
208	fuerza que atrae a los objetos entre sí.
216	—¿Pero cómo hiciste para detenerte? —preguntó Julia.
223	—Fue la fricción —respondió él—. La fricción es la fuerza que
234	evita que un objeto se deslice sobre otro. Apreté mis manos, piernas
246	y pies contra la barra mientras descendía, así creé fricción y una
258	desaceleración suficiente para detenerme.

Nombre _____

Una pelota en movimiento

Carlos caminó hasta la mesa de nuevo y echó otro vistazo al cuaderno de Julia. Entonces llamó al enérgico perro de la estación, Ruedas. El perro corrió rápidamente. —¡Qué tierno! —dijo Julia.

Carlos sacó una pelota de un cajón de la mesa y la colocó en el suelo. —Hagamos un experimento —dijo Carlos—. Mira esta pelota. La inercia se da cuando un objeto en reposo tiende a permanecer en reposo.

Ruedas estaba emocionado viendo la pelota, pero Carlos tenía la mano arriba para indicarle a Ruedas que permaneciera en su lugar.

—Una fuerza es algo que mueve, detiene o cambia el movimiento de un objeto —dijo él—. Mira lo que pasa cuando aplico una fuerza para mover la pelota. Carlos empujó la pelota con la mano y esta rodó por el suelo.

—¿Ves cómo sigue rodando la pelota? Eso es inercia otra vez. Se dice que un objeto en movimiento tiende a permanecer en movimiento a menos que sobre él actúe una fuerza externa.

Carlos llamó de nuevo a Ruedas.

—¡Ruedas, atrapa la pelota!

Ruedas corrió hacia la pelota con entusiasmo y la levantó con su hocico.

—¿Viste lo rápido que llegó Ruedas a la pelota? —preguntó Carlos—. Eso se llama velocidad. La velocidad es la distancia que recorre un objeto en cierta cantidad de tiempo.

—Ruedas definitivamente llegó a una gran velocidad —dijo Julia riendo—. Gracias por tu ayuda, Carlos. Se puede aprender mucho en una estación de bomberos. Tal vez incluso vuelva mañana —añadió.

—Mamá va a estar en casa mañana; no tienes que venir —dijo Carlos.

—Sí, lo sé, pero no quiero que tú y Ruedas estén tan solos —dijo ella riendo.

Nombre _____

A. Vuelve a leer el pasaje y responde las preguntas.

1. ¿Cuál es la causa en la siguiente oración del pasaje?
   Carlos empujó la pelota con la mano y esta rodó por el suelo.

   _____

2. ¿Cuál es el efecto en la siguiente oración del pasaje?
   Carlos empujó la pelota con la mano y esta rodó por el suelo.

   _____

3. En el pasaje, bajo el subtítulo "La fuerza de gravedad", ¿cuál es un
   ejemplo de un efecto? ¿Cuál es la causa de este efecto?

   _____

   _____

**B. Trabaja con un compañero o una compañera. En voz alta, lean el pasaje
durante un minuto. Presten atención a la articulación y al ritmo. Completen
la tabla.**

	Palabras leídas	–	Cantidad de errores	=	Puntaje: palabras correctas
Primera lectura		–		=	
Segunda lectura		–		=	

Nombre _____

Ciencia en una botella de refresco

—Te ves aburrida, pero yo sé algo divertido que puedes hacer —dijo mamá.

—¿Qué? —pregunté.

—Te voy a mostrar; primero necesitas una botella de refresco vacía y un paquete pequeño de salsa de tomate —dijo mamá mientras tomaba los suministros. Solamente debes poner el paquete dentro de la botella y después llenarla de agua hasta el tope. Luego, cierras la botella.

Cuando mamá agarró la botella y la apretó, ¡el paquete se hundió!

La presión del agua comprime el aire del paquete, y por eso se hunde.

Responde las preguntas sobre el texto.

1. **¿Cómo sabes que esto es narrativa de no ficción?**

    _____

    _____

2. **¿Qué características de texto incluye el relato?**

    _____

3. **¿Cuál es el título? ¿Cómo podría ser mejor?**

    _____

    _____

4. **¿Qué información te dan la ilustración y el globo de diálogo?**

    _____

    _____

Nombre _____

Lee las oraciones. Subraya las claves de contexto que te permiten definir las palabras en negrillas. Luego, defínelas con tus propias palabras.

1. Carlos se acercó a la **barra de descenso,** que es un tubo de metal que atraviesa un agujero en el suelo que conecta los dos pisos de la estación.

   _____

2. La **inercia** se da cuando un objeto en reposo tiende a permanecer en reposo.

   _____

3. Una **fuerza** es algo que mueve, detiene o cambia el movimiento de un objeto —dijo él.

   _____

4. La **velocidad** es la distancia que recorre un objeto en cierta cantidad de tiempo.

   _____

5. La **gravedad** es la fuerza que atrae a los objetos entre sí.

   _____

Nombre _____

A. Lee el borrador de ejemplo. Las preguntas te ayudarán a pensar en cómo escribir una secuencia de sucesos que se desarrolle naturalmente.

Borrador

Fuimos a una granja lechera. Vimos a un granjero ordeñar una vaca. Nos mostró cómo convierte la leche en mantequilla. Aprendimos cómo se hace el queso a partir de la leche.

---

1. ¿Cuándo fue el escritor a la granja de productos lácteos?

2. ¿Qué fue lo primero que hizo el escritor?

3. ¿Qué palabra de orden cronológico se debería usar cuando el granjero le mostró al escritor cómo convertir la leche en mantequilla?

4. ¿Qué palabra de orden cronológico se debería usar cuando el escritor vio cómo se hace el queso a partir de la leche?

B. Ahora revisa el borrador y agrega palabras de orden cronológico que ayuden a los lectores a entender mejor el viaje del escritor a la granja lechera.

_____

_____

_____

_____

_____

_____

_____

_____

Nombre _____

A partir de evidencias en el texto de dos fuentes distintas, Henry escribió los siguientes párrafos para seguir la instrucción: *Compara la forma en que Max Axioma y los robots explican la fuerza y el movimiento. Incluye detalles de las dos selecciones.*

> Los personajes de ambos relatos explican cómo funciona la fuerza y el movimiento. En la novela gráfica *Fuerzas y movimiento con Max Axioma, Supercientífico,* un científico lleva a los lectores en un recorrido por un parque de diversiones y un parque de patinaje. En "El proyecto del Buzón Espacial", dos robots viajan a la Tierra y a otros planetas en una máquina.
>
> Para mostrar cómo funciona el movimiento, Max Axioma hace *bungee jumping* desde una plataforma. Las ilustraciones también complementan la información, por ejemplo, un hombre aplica fuerza para detener un cochecito que se sale de control.
>
> En "El proyecto del Buzón Espacial", primero los dos robots utilizan la fuerza para deslizar el Buzón Espacial por el suelo; luego, la aplican para detenerlo. Brillo, uno de los robots, "alzó su enorme mano de robot y detuvo de inmediato el corredizo Buzón Espacial".
>
> En ambos relatos hay personajes que ayudan a los lectores a comprender cómo funciona la fuerza y el movimiento.

Vuelve a leer el pasaje y sigue las instrucciones.

1. **Encierra en un círculo** la evidencia del texto que indica cuál es el propósito del autor al escribir estos párrafos.

2. **Encierra en un cuadrado** la oración con la que Henry concluye su escrito.

3. **Subraya** en el texto las palabras que indican secuencia.

4. **Escribe** una de las oraciones subordinadas que incluyó Henry.

_____

Nombre _____

compasivo	excepcional	innovador	proyecto
empresa	fondo	proceso	rutina

Responde las preguntas con una de las palabras de vocabulario. Luego, usa cada palabra en una oración.

1. ¿Qué otra palabra se refiere a *una serie de acciones regulares*? _____

   _____

2. ¿Qué es una suma de dinero que se reserva para algo? _____

   _____

3. ¿Qué palabra describiría algo fuera de lo común? _____

   _____

4. ¿Cuál es otra palabra para *un proyecto difícil*?

   _____

   _____

5. ¿Qué palabra describiría a *alguien que se preocupa por otras personas*?

   _____

6. ¿Cuál es otra palabra para *algo que alguien decide emprender o hacer*? _

   _____

7. ¿Qué palabra describiría los pasos que tomas para realizar una tarea?

   _____

8. ¿Qué palabra describiría a alguien a quien le gusta presentar nuevas ideas?

   _____

Nombre _____

Lee la selección y completa el organizador gráfico de idea principal y detalles.

Idea principal
Detalle
Detalle
Detalle

Nombre _____

Lee el pasaje. Aplica la estrategia de volver a leer para entender las ideas más importantes del pasaje.

Una mano amiga

13	¿Te gusta ayudar a los demás? Ayudar es una parte importante de vivir
24	en una comunidad y muchos piensan lo mismo. Ayudar realmente puede
35	marcar la diferencia en muchos sentidos. Además es algo que puedes
48	hacer todos los días. El "Día para marcar la diferencia" nos recuerda lo
55	maravilloso que es ayudar a los demás.
66	Todos debemos actuar y aportar nuestro grano de arena para mejorar
76	nuestra comunidad. Siempre hay una forma de hacerlo. Por ejemplo,
90	se le puede dar alimento a quien lo necesita o se puede limpiar un
103	parque local. El Día para marcar la diferencia es un buen momento para
	involucrar a los demás, para reunir a tus amigos y marcar la diferencia.

Limpia un parque

116	
119	Aportar un grano de arena consiste en ayudar, pero también es una buena
132	forma de aprender. Si tú y tus amigos limpian un parque, pueden estudiar las
146	plantas del lugar. Es posible que vean animales que ya hayan estudiado. Así,
159	mientras limpian, aprenden sobre plantas y animales. También habrán hecho
169	del parque un lugar más limpio para ellos y para ti mismo.

Conoce gente nueva

181	
184	Limpiar es útil para tu comunidad, pero conocer a las personas que
196	viven en ella también es importante. Puedes aprender fácilmente de
206	ellas. Tan solo hablar con alguien puede marcar la diferencia. Tú y tus
219	compañeros de clase pueden visitar un centro para personas de la tercera
231	edad. Pídanles que les cuenten algo sobre su vida. Con agrado les contarán
244	cómo eran las cosas cuando tenían su edad. Esto marca una diferencia,
256	pues les demuestran que les interesan. Eso también les ayuda conocer a
268	otras personas de su comunidad.

Nombre _____

Alimenta a alguien que lo necesita

¿Sabes cuán importante es una buena comida? Algunas personas no tienen acceso a una buena comida todos los días. Marca la diferencia y reúne comida para ellas. Trabaja en equipo con tus amigos para reunir alimentos. Escojan un banco de alimentos al que les gustaría ayudar, hagan una colecta en su comunidad y entreguen las donaciones al banco de alimentos. Ellos estarán agradecidos por su ayuda. Esto es algo que puedes hacer durante todo el año. No solo estarían ayudando a personas necesitadas, sino que tú y tus amigos comprenderían lo que es el trabajo en equipo.

Sé creativo

Limpiar parques, conocer personas y regalar alimentos son buenas acciones. Pero hay algo que puedes hacer con tu creatividad. Tú y tus amigos pueden hacer un libro de actividades. ¿Cómo puede esto marcar la diferencia? Tal vez hay niños que no tengan estos libros. Tu maestro puede hacer copias. Luego, tu equipo puede distribuirlas en clínicas y hospitales. Allí hay niños a quienes les gustaría tenerlos. Es un libro que ustedes crearon juntos, y que hizo que el día de un niño fuera mejor.

El Día para marcar la diferencia es un buen momento para empezar a conocer tu comunidad y aprender cosas nuevas. Pero por encima de todo, podrás marcar la diferencia.

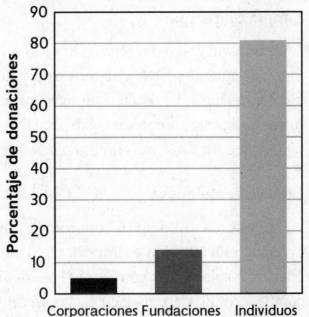

Este gráfico muestra de dónde vinieron las donaciones en Estados Unidos durante 2010. Puedes ver que individuos como tú dieron la mayor parte.

Nombre _____

A. Vuelve a leer el pasaje y responde las preguntas.

1. **¿Cuáles son tres detalles clave del párrafo 5?**

_____

_____

_____

2. **¿Cómo se conectan estos detalles?**

_____

_____

_____

3. **¿Cuál es la idea principal del pasaje?**

_____

_____

_____

B. Trabaja con un compañero o una compañera. En voz alta, lean el pasaje durante un minuto. Presten atención a la articulación y al ritmo. Completen la tabla.

	Palabras leídas	–	Cantidad de errores	=	Puntaje: palabras correctas
Primera lectura		–		=	
Segunda lectura		–		=	

Nombre _____

Donaciones a una organización benéfica

Cuando tu negocio comience a generar ganancias, es importante que retribuyas algo a la comunidad. Por ejemplo, Jason O´Neill comenzó un negocio de adornos para lápices a los nueve años de edad. Tuvo mucho éxito por años. Por esa razón decidió destinar algo de dinero para comprar juguetes y regalarlos al hospital infantil local. Además, comenzó a hacer una recolección anual de osos de peluche. De este modo, otras personas también pudieron ayudar al hospital. Jason es un buen ejemplo de un empresario responsable.

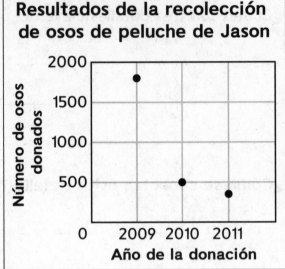

Resultados de la recolección de osos de peluche de Jason

Responde las preguntas sobre el texto.

1. ¿Cómo sabes que este texto es un artículo persuasivo?

_____

2. ¿Qué características del texto se incluyen? ¿Qué información muestran?

_____

_____

3. ¿Cuál es el título de este artículo?

_____

4. ¿Qué piensa el autor sobre el tema del artículo?

_____

_____

Nombre _____

Lee las oraciones. Subraya el sufijo de la palabra en negrilla y escribe la definición de la palabra en el espacio dado. Luego, escribe una oración que tenga la palabra en negrilla.

1. Ayudar es una parte importante de vivir en una **comunidad**.

_____

_____

_____

2. Ayudar **realmente** puede hacer la diferencia en muchos sentidos.

_____

_____

_____

3. Tú y tus **compañeros** de clase pueden visitar un centro para las personas de la tercera edad.

_____

_____

_____

4. Pero también hay algo que puedes hacer con tu **creatividad**.

_____

_____

_____

Nombre _____

A. Lee el borrador de ejemplo. Las preguntas te ayudarán a pensar en cómo usar oraciones de diferente longitud para agregar interés y ritmo.

Borrador

Creo que nuestra comunidad necesita una tienda de helado de yogur. Tenemos demasiadas tiendas de helados. El helado de yogur es una alternativa más saludable a los helados convencionales.

---

1. ¿Qué oraciones tienen ideas afines que se podrían combinar en una oración más larga?

2. ¿Qué oraciones cortas agregarías para llamar la atención sobre la idea de que el helado de yogur es una alternativa más saludable a los helados convencionales?

3. ¿Qué oración agregarías después de la última oración para explicar mejor lo que significa? Para agregar ritmo, ¿harías esa oración larga o corta?

B. Ahora revisa el borrador y usa oraciones de diferentes longitudes para agregar interés y ritmo.

_____

_____

_____

_____

_____

_____

_____

_____

Nombre _____

A partir de evidencias en el texto de dos fuentes distintas, Kendall escribió los siguientes párrafos para responder la pregunta: *En tu opinión, ¿por qué es útil para los niños que quieren ser empresarios saber sobre otros niños que empezaron su propio negocio y leer consejos para comenzar uno?*

Considero que saber sobre otros niños que empezaron su propio negocio y leer consejos para comenzar un negocio es útil para los niños que quieren ser empresarios. El primer artículo trata de distintos negocios que emprendieron algunos niños. El otro artículo contiene los pasos que se deben seguir para comenzar un negocio. ¡Cualquier persona puede hacer su empresa!

En *Niños emprendedores*, los lectores conocen niños reales que iniciaron su propio negocio. Por ejemplo, Hayleigh diseñó dijes que cuelgan de sus ayudas auditivas y los convirtió en una empresa. Ahora vende más de 50 dijes de diferentes estilos. Joshua brinda alimentos a los necesitados y Cecilia recoge dinero para caridad.

En "Cómo empezar un negocio exitoso" se explica los pasos que deben seguir los niños que quieren ser empresarios. En los pasos 1 y 2 se plantea que tener una idea innovadora y averiguar si tiene posibilidades de éxito puede resultar en un negocio próspero. En estos también se da información valiosa como dónde se venderá el producto y quiénes lo comprarían.

Pienso que los dos artículos serán de gran utilidad para los niños que quieren ser empresarios.

Vuelve a leer el pasaje y sigue las instrucciones.

1. **Encierra en un círculo** dos oraciones de distinta extensión en el primer párrafo.

2. **Encierra en un cuadrado** la evidencia en el texto en la que se señala cuál es el negocio de Hayleigh.

3. **Subraya** la oración que concluye la opinión de Kendall.

4. **Escribe** los artículos que incluyó Kendall.

_____

Nombre_____

adorno	honesto	pelón	simpático
codicia	multicolor	pizca	soleado

Escribe en los espacios las palabras de vocabulario más adecuadas. Las claves de contexto te pueden servir como ayuda.

La maestra llevó a los niños al museo natural. Era un hermoso día

_____ y todos estaban contentos. Cuando llegaron,

la persona encargada del museo les dio la bienvenida. Este era un joven

muy _____, que hacía reír a los niños y les mostraba el

lugar de una forma muy divertida. El salón donde estaban las aves tenía un

_____ hecho con plumas de colores; allí el joven les contó

una historia mexicana sobre un pájaro _____.

Luego, fueron a otro lugar y el guía les enseñó un pez _____

que nadaba alegremente en una pecera. Uno de los niños pudo darle una

_____ de comida. A este pececito lo habían encontrado

en un arrecife que estaba siendo explotado por algunos pescadores. Su

_____ había producido un desequilibrio en el ecosistema

y los biólogos habían salvado algunos animales. Al finalizar el recorrido, la

maestra agradeció al joven por su orientación y le dijo que era muy amable,

_____ y amigable con los niños.

Nombre_____

Lee la selección y completa el organizador gráfico de tema.

Detalle

Detalle

Detalle

Tema

Nombre _____

Lee el pasaje. Aplica la estrategia de hacer y responder preguntas para verificar que comprendes el texto.

Mi gato Gastón

	Yo estaba feliz con la llegada de mi gatito Gastón. Mis padres me lo
14	habían regalado para mi cumpleaños. En cuanto lo vi, supe que nos
27	llevaríamos muy bien. Una tarde, Gastón estaba acostado cerca de la
38	ventana de mi habitación. Este era uno de sus lugares favoritos, porque los
51	rayos del sol le llegaban directamente y acariciaban su lindo pelaje dorado.
63	Cuando abrí la puerta de mi dormitorio, el gato se despertó. Empezó a
76	estirarse para sacudirse el sueño. Mi madre entró y me preguntó:
87	—Lila, ¿no crees que Gastón es muy perezoso?
95	—Pues, estuve leyendo sobre los gatos en un libro que me regaló la
108	abuela. Ahí decía que los gatos son animales muy especiales —le respondí.
120	—Pero, ¿por qué duermen tanto? —preguntó mi madre, mientras Gastón
130	empezaba a ronronear y se acercaba a mí.
138	—Mami, lo que pasa es que ellos son de la familia de los felinos. Y la
154	mayoría de felinos duerme durante el día. En las noches, mientras nosotros
166	descansamos, ellos están corriendo por todas partes —dije.
174	Le conté a mi mamá que los gatos también necesitaban reponerse
185	porque gastaban mucha energía en sus paseos nocturnos. Mi madre salió
196	de la habitación. Me dijo que iba a comprar el alimento del gatito en el
211	supermercado y que si encontraba un juguete para él, también lo traería.
223	Me senté en la cama y Gastón subió. Me miró con sus grandes ojos
237	verdes para volverse a acomodar. Antes de que esto sucediera, le tiré una
250	bolita de lana. Nos pusimos a jugar. Pero Gastón empezó a enredarse con
263	la lana y se cayó de la cama. Me di cuenta de la habilidad que tenía mi gato
281	para no desesperarse. En ese instante, mi padre tocó la puerta:
292	—Hija mía, ¿está todo bien?
297	—Entra, papi, ¡es que Gastón se enredó! —dije rápidamente.
306	—¡Gastón! ¿Qué te pasó? ¡Mírate no más! Pareces... —mi padre no
317	pudo terminar lo que decía porque le dio un ataque de risa.

Nombre_____

Mi mascota trataba de zafarse del enredo suavemente, pero no lo lograba. Yo le dije a mi papi que Gastón parecía ser un gato muy tranquilo, pues a pesar de estar atrapado y sin poder moverse, no perdía la calma. Él me dijo que Gastón era muy astuto, porque sabía que si se sacudía demasiado podría enredarse más.

Mi padre y yo lo ayudamos a salir del problema en el que se había metido. Lo más importante fue que mi gato se quedó quieto para que todo saliera bien. Cuando llegó mi madre, le conté lo que había pasado con Gastón. Ella le sirvió una deliciosa cena y le regaló un ratoncito de peluche para que jugara.

Esa noche, Gastón salió de la casa como de costumbre. A la mañana siguiente me di cuenta de que no había regresado. Al llegar el atardecer, empecé a preocuparme.

—Papi, Gastón no ha llegado y no sé qué hacer. Nunca se había demorado tanto —le dije llorando.

—Lila, no te inquietes. Debe de estar por ahí con algún amigo —me dijo para consolarme.

Sus palabras me hicieron imaginar a Gastón conversando con un grupo de gatos en algún tejado cercano. Eso me hizo sonreír.

—Ayer me dijiste que Gastón reaccionó con tranquilidad ante una situación difícil, como lo fue enredarse. Intenta hacer lo mismo, ¿no te parece? —me hizo caer en cuenta mi padre y siguió—. A veces los gatos necesitan tiempo para conocer a otros miembros de su especie. Para explorar los jardines vecinos. He escuchado historias sobre cómo ellos han regresado a sus casas luego de un mes de haberse perdido. Los gatos tienen una excelente memoria. Pueden recordar dónde viven.

—Qué curioso, papi —le dije mientras me secaba los ojos.

Me dio un abrazo. Al mirar por la ventana vi que Gastón venía corriendo hacia la casa. Entró y se acercó a mí y ronroneó como si me dijera que estaba feliz de estar conmigo de nuevo. ¡Comprendí que estaba aprendiendo tantas cosas bonitas de mi gatito!

Nombre_____

A. Vuelve a leer el pasaje y responde las preguntas.

1. Escribe sobre las características de los gatos. Ten en cuenta
   lo que Lila y su padre sabían sobre ellos.

   _____

   _____

   _____

2. ¿Por qué Lila se preocupa por su gato en el relato?

   _____

   _____

3. ¿Qué aprendió Lila al observar el comportamiento de su gato Gastón?

   _____

   _____

   _____

B. Trabaja con un compañero o una compañera. En voz alta, lean el pasaje durante un minuto. Presten atención a la expresión. Completen la tabla.

	Palabras leídas	–	Cantidad de errores	=	Puntaje: palabras correctas
Primera lectura		–		=	
Segunda lectura		–		=	

Nombre_____

¡Adoptemos un perrito!

Camila quería comprar un perro. Su madre le sugirió que adoptaran uno.

—Sería fantástico acoger a uno de los perritos que tiene mi amiga en su veterinaria —dijo.

—Pensándolo bien, mami... ¡me gustaría hacerlo! —respondió Camila.

Cuando llegaron a la veterinaria, Camila vio a lo lejos a un cachorrito que la miraba. Tenía un hermoso pelo dorado y unos ojos muy dulces. Así, la niña supo que esa era la mascota que quería. Una tarde, los dos estaban jugando en el parque. Camila quiso enseñarle algunos trucos a su perrito. Este aprendió tan rápido que Camila y su familia empezaron a entrenarlo. Meses después, ganó un concurso canino. A partir de ese día, Camila reconoció que gracias al amor que ella le había dado, su perrito adoptivo se había convertido en un ganador y en el mejor amigo del mundo.

Responde las preguntas sobre el texto.

1. **¿Cómo sabes que este es un texto de ficción realista?**

   _____

2. **¿Qué característica del género encuentras en el relato?**

   _____

3. **¿Qué función cumplen los diálogos en el relato?**

   _____

   _____

4. **¿Qué le dijo Camila a su madre sobre la idea de adoptar una mascota?**

   _____

   _____

   _____

Nombre_____

**Lee las oraciones. Escribe la raíz de las palabras en negrillas.
Luego, escribe su definición en el espacio dado.**

1. —Lila, ¿no crees que Gastón es muy **perezoso**?

Raíz: _____

Definición:_____

2. Me di cuenta de la habilidad que tenía Gastón para no **desesperarse**
con lo que pasaba.

Raíz: _____

Definición:_____

3. Mi padre y yo lo **ayudamos** a salir del problema en el que se había metido.

Raíz: _____

Definición:_____

4. —A veces los gatos **necesitan** tiempo para conocer a otros miembros
de su especie.

Raíz: _____

Definición:_____

Nombre_____

A. Lee el borrador de ejemplo. Las preguntas te ayudarán a pensar en cómo puedes agregar detalles para escribir un buen comienzo.

Borrador

Un hombre salió a pasear con su perro. Luego de un rato, no pudo hallar el camino de regreso. El perro se separó de su amo. El hombre se quedó esperando a que el perro regresara con ayuda.

---

1. ¿Quién es el hombre? ¿A dónde fue a pasear con su perro?

2. ¿Por qué el hombre no pudo encontrar el camino de regreso?

3. ¿Por qué el perro se separó de su amo?

4. ¿Qué hizo el hombre mientras esperaba por ayuda?

B. Ahora revisa el borrador y agrega detalles para escribir un buen comienzo.

_____

_____

_____

_____

_____

_____

_____

Nombre_____

Marc escribió los siguientes párrafos e incluyó evidencia del texto de dos fuentes diferentes para responder la pregunta: *¿Qué lección aprenden los personajes de los relatos? No olvides incluir un principio interesante y un buen final.*

¿Recuerdas cómo aprendió Caperucita a seguir consejos prudentes o la cigarra la importancia del trabajo? De la misma forma, los señores Smith y Gordo aprendieron lecciones importantes. En *El lorito pelón*, los señores Smith llevaron un loro a su apartamento. El animalito siempre estaba triste. ¿Cómo comunicó su descontento? ¡Quitándose las plumas hasta quedar pelón! Los Smith le consiguieron una lorita, pero los dos empezaron a desplumarse mutuamente. De esta forma, los ancianos aprendieron que los animales deben vivir en su hábitat.

En "El zorro y la cabra", Gordo la Cabra creyó en las engañosas palabras de Francisco el Zorro. Este le hizo creer que si bajaba al fondo del pozo probaría agua fresca y que saldrían de allí ayudándose mutuamente. Cuando la cabra quedó atrapada aprendió de la peor forma lo importante que es pensar antes de actuar.

Cada acción tiene una consecuencia, así lo comprobaron los señores Smith al sacar de su hábitat a un loro y Gordo al confiar en un perverso zorro.

Vuelve a leer el pasaje y sigue las instrucciones.

1. **Encierra en un cuadrado** la pregunta con la que Marc inicia su escrito.

2. **Subraya** las oraciones en las que se explique por qué Gordo la Cabra terminó en el fondo de un pozo.

3. **Encierra en un círculo** el final del escrito en el que se explica lo que aprenden los personajes.

4. **Escribe** dos sustantivos propios que Marc incluyó en su actividad.

Nombre_____

actitud	imitar	planear	portento
despegar	malhumorado	potente	vereda

Responde las preguntas con una oración completa. Incluye las palabras en negrillas en tus respuestas.

1. ¿Cómo puedes **despegar** un trineo del hielo? _____

   _____.

2. ¿Qué animal te gustaría **imitar**? _____

   _____.

3. ¿Cómo reconoces a un **portento** de la música? _____

   _____.

4. ¿Qué crees que es más **potente**: un carro de carreras o una motocicleta

   de carreras? _____

   _____.

5. ¿Qué animales pueden **planear** por los aires? _____

   _____.

6. ¿Qué animales encuentras con frecuencia en una **vereda**? _____

   _____.

7. ¿Cómo tranquilizarías a alguien **malhumorado**? _____

   _____.

8. ¿Qué **actitud** consideras conveniente para afrontar un problema? _____

   _____.

Nombre

Lee la selección y completa el organizador gráfico de tema.

Pista

↓

Pista

↓

Pista

↓

Tema

Nombre

Lee el pasaje. Aplica la estrategia de hacer y responder preguntas para verificar que comprendes el texto.

La curiosidad del loro

En este bosque todas las aves vivían en un árbol. Entre ellas se
13 encontraba el loro, a quien por naturaleza le encantaba hacer bromas
24 a sus amigos. Asimismo, era una de las aves más curiosas y esto
37 les molestaba a las demás aves, ya que no era capaz de ser discreto,
51 prudente, ni mucho menos de guardar un secreto.
59 Cierto día, el pájaro carpintero le quiso dar una lección al loro y lo
73 invitó a planear por los cielos. Luego de unos minutos, llegaron a una
86 montaña y entraron a una cueva que parecía abandonada.
95 —Te mostraré mi secreto —le dijo el pájaro carpintero al loro.
106 Este abrió los ojos de par en par al oír esto.
117 "¿Qué será? ¿Serán joyas? ¡A lo mejor es un mapa de un tesoro!",
130 pensaba el muy curioso loro.
135 Entonces, el pájaro carpintero le mostró su gran secreto al loro: tres
147 semillas que había recogido hacía mucho tiempo. Eran muy extrañas,
157 ya que no eran comunes en la selva. La primera era de color azul, la
172 segunda era verde y la tercera era de un rojo intenso.
183 —Son muy duras y la verdad no sé a qué saben. Pero las conservo
197 para una ocasión especial —dijo el carpintero.
204 El loro se sintió muy intrigado y, mientras volaban de regreso al
216 bosque, decidió volver en la noche para probar esas raras semillas.
227 Mientras todos dormían, el loro partió rumbo a la cueva. Al llegar, se
240 preguntó con cuál comenzaría. Luego de mirarlas por un rato, resolvió
251 que sería la azul. Intentó abrirla durante varios minutos, pero no pudo.
263 La semilla estaba intacta. Cansado, decidió regresar la noche
272 siguiente con varias piedras y así romper las duras semillas.

Nombre_____

Cuando el loro se disponía a salir, el búho se dio cuenta del movimiento.

—¿A dónde vas? —le preguntó el búho.

—A estirar las alas, amigo búho —respondió el loro.

El búho notó que el comportamiento del loro era muy peculiar y le dijo que tuviera cuidado, ya que los osos se despertaban en la noche. El loro le dijo que no se preocupara, y le aseguró que se cuidaría.

En la oscuridad, el loro tardó un poco en recolectar las piedras y, cuando llegó a la cueva, estaba tan exhausto que no tenía fuerzas para romper las semillas. Así que optó por volver la noche siguiente.

Durante todo el día, el loro no dejaba de pensar en las semillas y de imaginarse lo dulces que debían ser.

A la tercera noche, el loro pensó que finalmente saborearía las semillas. Golpeó repetidamente la semilla azul. Cuando se abrió, salió una luz muy fuerte y, en ese instante, el ave se dio cuenta de quién vivía en la cueva: un oso.

El loro salió tan asustado de la cueva, que desde ese entonces no ha dejado de hablar. Fue así que aprendió su lección.

Moraleja: La curiosidad excesiva puede llevarnos a situaciones no deseadas o peligrosas.

Nombre_____

A. Vuelve a leer el pasaje y responde las preguntas.

1. Según el texto, ¿cómo describen las demás aves al loro?

_____

_____

2. Para el loro, ¿qué podría ser el tesoro del pájaro carpintero?

_____

_____

3. ¿Cuál fue la lección que aprendió el loro?

_____

_____

_____

B. Trabaja con un compañero o una compañera. En voz alta, lean el pasaje durante un minuto. Presten atención a la entonación. Completen la tabla.

	Palabras leídas	–	Cantidad de errores	=	Puntaje: palabras correctas
Primera lectura		–		=	
Segunda lectura		–		=	

Nombre_____

El erizo y la tortuga

Un día, una tortuga se encontraba sobre su caparazón. Intentaba poner sus patas de nuevo en el suelo, pero no lo lograba. Después de unas horas, de un arbusto apareció un pequeño erizo.

—Erizo, por favor ayúdame —le pidió la tortuga.

Pero el erizo le dijo que no. Al cabo de un rato, un conejo pasó al lado de la tortuga y, al verla en este percance, la ayudó rápidamente.

Pasaron los días y mientras el erizo andaba en el bosque, sus espinas se quedaron incrustadas en unas ramas. Sin posibilidad de salir por sus propios medios, empezó a chillar. Entonces apareció la tortuga, quien, al ver al erizo, lo auxilió sin importar lo que había sucedido antes. Así el erizo aprendió una gran lección.

Moraleja: Debemos socorrer a quien lo solicita, porque nunca se sabe cuándo necesitaremos la ayuda de alguien más.

Responde las preguntas sobre el texto.

1. **¿Cómo sabes que esta es una fábula?**

_____

_____

2. **¿Cuáles son los personajes principales de la fábula?**

_____

3. **¿Cuál fue la actitud del erizo frente al problema de la tortuga?**

_____

4. **¿Qué aprendió el erizo?**

_____

Nombre_____

Lee los pasajes. Escribe el antónimo de las palabras en negrillas en el espacio dado.

1. Asimismo, era una de las aves más curiosas. Su curiosidad les molestaba a las demás aves, ya que no era capaz de ser **prudente**, ni mucho menos de conservar un secreto.

_____

_____

2. —Son muy **duras** y la verdad no conozco su sabor.

_____

_____

3. El loro se sintió muy intrigado y, mientras volaban de regreso al bosque, decidió volver en la noche para probar esas **raras** semillas.

_____

_____

4. En la oscuridad, el loro tardó un poco en recolectar las piedras. Cuando llegó a la cueva, estaba tan **exhausto** que no tenía fuerzas para romper las semillas. Optó por volver la noche siguiente.

_____

_____

Nombre_____

A. Lee el borrador de ejemplo. Las preguntas te ayudarán a pensar en expresiones y frases que le den al texto una voz informal.

Borrador

Permítanme presentarme: soy su servidora Fiona, la oruga de mayor tamaño en la vereda. Algunas de mis virtudes son: mi grandiosa inteligencia, festividad y cordialidad. Si desean conocerme, tendrán que apresurarse porque pronto cambiaré de forma.

---

1. ¿De qué otra manera se puede presentar Fiona para que el texto sea informal?

2. ¿Qué otras palabras podría usar para referirse a su apariencia?

3. ¿Qué otras palabras podría usar para referirse a su personalidad?

B. Ahora revisa el borrador y agrega expresiones y frases que le den al texto una voz informal y divertida.

_____

_____

_____

_____

_____

_____

_____

_____

Nombre_____

Tori escribió los siguientes párrafos e incluyó evidencia del texto de dos fuentes diferentes para responder la pregunta: *¿Qué características propias de los seres humanos tienen los protagonistas de los dos relatos? Incluye un proverbio en tu escrito y haz uso de la voz informal.*

Ni el águila real ni la tortuga se comportan como animales. En *El águila real*, el personaje principal es un águila que crece entre gallinas y, como adonde fueres haz lo que vieres, cree que es una de ellas. Cierto día ve un águila real y empieza a sentir admiración por dicho animal. Conversa con una gallina que le aclara cuál es el animal que tanto admira. El águila que se cree gallina le dice a su compañera que quiere volar como la majestuosa ave, pero la otra le responde que eso es imposible, que ellas son aves de corral, de las más normalitas.

En "El misterio del concierto bajo la luna", Teo no es una tortuga cualquiera, es un detective famoso que ha esperado durante meses el concierto de su banda favorita. Entre sus amigos se encuentran animales de las más variadas especies: Juan Medusa, Ángela Pez y Óscar Pulpo, entre otros. Los comportamientos del águila real y de Teo Tortuga, como sentir admiración, conversar sobre sus aspiraciones, asistir a un concierto, son propios de los seres humanos.

Vuelve a leer el pasaje y sigue las instrucciones.

1. **Encierrra en un cuadrado** un ejemplo de voz informal en el texto.

2. **Encierra en un círculo** un proverbio que se refiera a la situación del águila real entre las gallinas.

3. **Subraya** un ejemplo de un comportamiento característico de los seres humanos en el escrito de Tori.

4. **Escribe** un sustantivo colectivo que Tori haya incluido en su composición.

_____

Nombre_____

crecer	desmoronarse	extinto	mecerse
desequilibrio	ecosistema	frágil	sequía

Responde las preguntas con las palabras de vocabulario. Luego, escribe una oración con cada palabra.

1. ¿Qué hacen los niños cuando se impulsan sobre un balancín? _____

_____

2. ¿Qué otra palabra conoces para *delicado*? _____

_____

3. ¿Qué palabra describiría que algo se rompe en pedazos? _____

_____

4. ¿Con qué palabra te refieres a algo que ya no existe? _____

_____

5. ¿Qué pasa si hay demasiado peso en un solo lado de un bote? _____

_____

6. ¿Cuál es el nombre de todos los seres vivos e inertes de un área? _____

_____

7. ¿Qué otra palabra conoces para *prosperar*? _____

_____

8. ¿Qué puede hacer que una granja de maíz tenga problemas? _____

_____

Nombre_____

Lee la selección y completa el organizador gráfico de idea principal y detalles.

Idea principal
Detalle
Detalle
Detalle

Nombre_____

Lee el pasaje. Aplica la estrategia de resumir para asegurarte de que entiendes y recuerdas la información.

El trabajo de las lombrices

	Guille, el jardinero, trabaja muchas horas bajo el sol. Cada día
11	empieza por cavar la tierra y al final del día, cuando termina, riega
24	las plantas. Pero no está solo en su misión de tener un bonito jardín.
38	Su amiga, la lombriz de tierra, siempre está ahí para ayudarlo. La
50	lombriz de tierra suele tener una mala reputación por ser una criatura
62	simple. Sin embargo, tiene muchos deberes y desempeña un papel
72	importante para mantener el suelo lo suficientemente fértil para que
82	crezcan plantas sanas.
85	**Mover y "dar vuelta al suelo"**
91	Las lombrices ya han estado trabajando duro cuando Guille y
101	su ayudante llegan al jardín. Guille toma una pala y cava un hoyo
114	pequeño. Ve muchas lombrices que se mueven por la tierra. Esto con
126	frecuencia significa que la tierra es fértil.
133	—Este es un buen lugar para sembrar —dice Guille.
142	A medida que las lombrices escarban en el suelo, crean pasajes que
154	permiten que el aire y el agua circulen. La tierra y las raíces de las
169	plantas necesitan este aire y esta agua para crecer. Las lombrices y la
182	tierra están conectadas.
185	Guille empieza a arar el terreno para que esté listo en el
197	momento de sembrar las semillas. Hace surcos en la tierra con sus
209	herramientas. Esto evita que la tierra se compacte demasiado.

Nombre

Las lombrices también ayudan a arar la tierra. Transportan por el suelo materia orgánica, o que se relaciona con seres vivos o proviene de estos, desde la superficie. La mezclan con el subsuelo. Este movimiento del suelo mezcla minerales útiles para las plantas.

Alimentación y fertilización

Las lombrices comen casi cualquier compuesto orgánico. Las lombrices descomponen hierbas, hojas y restos animales para que las plantas los usen. Al hacer esto, las lombrices también evitan que la materia muerta y los desperdicios se acumulen.

Guille lleva las pesadas bolsas de abono al jardín. Esta sustancia contiene nutrientes que las plantas necesitan para vivir saludablemente. Él esparce el contenido por todo el terreno.

—¿Puedes ayudarme a levantar la otra bolsa? —le pregunta a su ayudante.

Las lombrices también han estado haciendo abono. Cuando las lombrices se alimentan, dejan en el camino su excremento, llamado humus. Este contiene los nutrientes necesarios para un suelo sano y es muy húmedo. El suelo seco puede ser malo para las raíces de algunas plantas. La humedad ayuda cuando escasea el agua. El año pasado hubo sequía en la región de Guille.

—Las áreas que tenían muchas lombrices se vieron menos afectadas —dice Guille.

El jardinero y su ayudante siguen observando a las lombrices en plena actividad. "Si el jardín pudiera hablar, creo que les agradecería a las lombrices por todo lo que hacen", piensa Guille.

Nombre_____

A. Vuelve a leer el pasaje y responde las preguntas.

1. ¿Cuáles son tres detalles clave de los párrafos 4, 6 y 7?

_____

_____

_____

_____

2. ¿Cómo se conectan estos detalles?

_____

_____

_____

3. ¿Cuál es la idea principal del pasaje?

_____

_____

B. Trabaja con un compañero o una compañera. En voz alta, lean el pasaje durante un minuto. Presten atención a la precisión. Completen la tabla.

	Palabras leídas	–	Cantidad de errores	=	Puntaje: palabras correctas
Primera lectura		–		=	
Segunda lectura		–		=	

Nombre_____

Papá y yo vemos gusanos verdes

   —¡Mira, papá! —dije—, ¡estos insectos se comen las flores del lupino!

   —Esas son larvas de mariposa azul de Karner —dijo papá—. La mariposa adulta pone sus huevos en el tallo del lupino. Primero, los huevos de las larvas eclosionan. Después, ellas solo comen hojas de lupino hasta que entran al estado de pupa. En años recientes, el hábitat natural del lupino se ha venido reduciendo. Hoy la mariposa azul de Karner está en peligro de extinción.

Responde las preguntas sobre el texto.

1. ¿Cómo sabes que este texto es narrativa de no ficción?

_____

_____

2. ¿Qué características del texto incluye el pasaje?

_____

_____

3. ¿Qué entiendes con el título? ¿Cómo lo cambiarías para hacerlo más efectivo?

_____

_____

4. ¿Qué información te da el diagrama de flujo?

_____

_____

Nombre_____

**Lee las oraciones. Subraya las claves de contexto que te ayudan
a entender el significado de las palabras en negrillas. Luego, escribe
el significado de cada palabra en el espacio dado.**

1. Pero no está solo en su **misión** de tener un bonito jardín.

   _____

2. A medida que las lombrices **escarban** en el suelo, crean pasajes que permiten
   que el aire y el agua circulen.

   _____

3. Guille empieza a **arar** el terreno para que esté listo en el momento de sembrar
   las semillas. Hace surcos en la tierra con sus herramientas.

   _____

4. Transportan por el suelo materia **orgánica**, o que se relaciona con seres vivos
   o proviene de estos, desde la superficie.

   _____

5. Esta sustancia contiene **nutrientes** que las plantas necesitan para vivir
   saludablemente.

   _____

Nombre_____

A. Lee el borrador de ejemplo. Las preguntas te ayudarán a pensar en detalles de apoyo que puedes agregar.

Borrador

Las abejas y las flores se necesitan mutuamente. La abeja ayuda a la flor. Luego, la flor ayuda a la abeja. Las abejas necesitan el polen de las flores.

---

1. ¿Exactamente cómo se benefician las flores de las abejas y viceversa?

2. ¿Cómo obtienen las abejas el polen de las flores? ¿Qué hacen las abejas con el polen?

3. ¿Cómo ayudan las acciones de las abejas a la supervivencia de las flores?

4. ¿Cómo sufrirían las flores sin la ayuda de las abejas? ¿Cómo sufrirían las abejas sin las flores?

B. Ahora revisa el borrador y agrega detalles de apoyo que ayuden a los lectores a entender mejor la relación entre las abejas y las flores.

_____
_____
_____
_____
_____
_____
_____
_____

Nombre_____

Zoe escribió los siguientes párrafos e incluyó evidencia del texto de dos fuentes diferentes para responder la pregunta: *¿Cuál es la importancia de los búfalos y los búhos en la cadena alimentaria? Incluye una oración temática y detalles de apoyo.*

Tanto los búfalos como los búhos forman una parte importantes de la cadena alimentaria, porque son consumidores que transfieren la energía entre las plantas y los animales. Una cadena alimentaria se compone de una fuente de energía, productores, consumidores y descomponedores. Por ejemplo, en *El regreso de los búfalos*, los pastos de las praderas son productores porque obtienen energía del sol y producen su propia comida. Los búfalos son consumidores porque no producen su propia comida.

En "Energía en el ecosistema", aprendí que los árboles y las plantas de los bosques también obtienen energía del sol. Los ratones y campañoles son consumidores porque se comen las plantas. Los búhos se comen a los ratones y campañoles. Los búhos se encuentran en un nivel más alto de la cadena alimentaria porque se comen a otros consumidores. Luego de que los búhos se comen a los ratones y campañoles, producen egagrópilas ovaladas. Las polillas, los escarabajos y los hongos utilizan estas egagrópilas como alimento y refugio.

Tanto el búfalo como el búho forman una parte importante de la cadena alimentaria, porque ayudan a transferir energía en sus ecosistemas.

Vuelve a leer el pasaje y sigue las instrucciones.

1. **Encierra en un círculo** la oración temática en la que se dice cuál es la importancia de los búfalos y búhos en la cadena alimentaria.

2. **Encierra en un cuadrado** la evidencia del texto en la que se dice por qué los búfalos son consumidores.

3. **Subraya** la evidencia del texto en la que se explica por qué los búhos están en un nivel más alto en la cadena alimentaria.

4. **Escribe** un ejemplo de complemento directo que Zoe haya incluido.

_____

_____

Nombre_____

| abalanzarse | depredador | gotear | venenoso |
| camuflado | extraordinario | presa | vibración |

Escribe las palabras de vocabulario en los espacios. Las claves de contexto pueden servirte como ayuda.

Celia, la serpiente, no era como las demás serpientes de su familia. No le gustaba cazar sus alimentos, así que no tenía mucho de _____.

—No me interesa cazar ratones y comérmelos —le dijo a su madre—. Ellos no son mis _____ . Son mis amigos.

—¡A nosotros nos gusta cazar ratones! —dijeron los hermanos y hermanas de Celia—. En cambio, a Celia se le hace agua la boca cuando piensa en frutas y vegetales. _____ saliva cuando ve una buena ensalada.

Aunque Celia tenía dientes que podían causar una mordida _____ y hacer daño, nunca los usaba.

—Tus hermanos y hermanas usan sus colores para estar _____ y pasar desapercibidos entre el césped y las hojas marrones —dijo su madre—. Sacuden su cola hacia atrás y hacia adelante para producir _____ y hacer un ruido de cascabeleo. Esto atemoriza a los ratones.

—Nunca me _____ repentinamente sobre ningún ratón, sea grande o pequeño —dijo Celia—. Todos son mis amigos.

Como es raro que una serpiente sea amistosa con los ratones, todos pensaban que Celia era una amiga _____ .

Nombre_____

**Lee la selección y completa el organizador gráfico de idea principal
y detalles clave.**

Idea principal
Detalle
Detalle
Detalle

Nombre_____

Lee el pasaje. Aplica la estrategia de resumir para escribir un breve enunciado sobre las ideas principales.

Las aves

¿Sabes por qué algunas aves tienen plumas brillantes? ¿Alguna vez
10 te has preguntado por qué algunas aves nadan mejor que otras? Ciertas
22 características les facilitan la vida a las aves. Todas estas son adaptaciones
34 físicas que han desarrollado las aves para sobrevivir.

42 **La membrana**

44 Muchas aves que viven cerca del agua pasan mucha parte del tiempo en
57 ella. Estas aves se llaman acuáticas y tienen patas palmeadas. ¿Qué hace
69 que esto sea útil? Las patas palmeadas son como los remos de un bote, que
84 les ayudan a las aves acuáticas a desplazarse dentro del agua con rapidez.

97 **Gran pico**

99 La forma del pico de un ave es útil para desempeñar tareas específicas.
112 Por ejemplo, el ave espátula tiene un pico en forma de cuchara. ¿Por qué
126 en forma de cuchara? Esta ave pasa mucho tiempo en el agua. La forma de
141 cuchara le ayuda al ave a agitar el agua. La agitación produce pequeños
154 remolinos. Pequeños peces e insectos son atraídos hacia el interior de los
166 remolinos, lo que le facilita al ave atrapar su alimento.

176 **Ligero como una pluma**

180 No es extraño ver aves con hermosos plumajes. Sin embargo, las plumas
192 son para algo más que para verse bellas. Para los pingüinos, estas cumplen
205 dos funciones. La parte exterior de la pluma es a prueba de agua. Esto
219 mantiene al pingüino seco. La parte interna de la pluma, llamada plumón,
231 atrapa aire y lo mantiene caliente. Esto es importante ya que los pingüinos
244 no vuelan. En su lugar, nadan en aguas congeladas. Sin plumas a prueba de
258 agua, estarían en desventaja.

Nombre_____

Colores verdaderos

Los colores brillantes ayudan a que algunas aves se destaquen. El faisán dorado tiene plumas rojas, verdes y doradas. El pico alargado del tucán puede tener muchos colores a la vez. Los colores brillantes ayudan a que estas dos aves se hagan notar. Esta atención les ayuda a encontrar una pareja.

El pico del tucán puede tener muchos colores.

Algunas aves son exactamente lo opuesto. ¡Y no desean ser vistas en absoluto! Los colores del nictibio hacen que se vea como si formara parte de un árbol. Este camuflaje le ayuda a evitar llamar la atención indeseada.

Transmisión de voces

Las aves tienen diferentes formas de comunicarse. Emiten sonidos para encontrar una pareja, advertir a otras aves y para decir "¡Acá vivo yo!".

El chorlito colirrojo tiene una razón especial para emitir uno de sus trinos. Este pájaro fabrica su nido en el suelo. Esto puede ser inseguro. Cuando un depredador se acerca demasiado al nido, el chorlito colirrojo emite un sonido chillón y da brincos alrededor simulando estar herido. El sonido chillón y este acto inusual distraen al depredador, quien perseguirá al pájaro herido en lugar de buscar el nido. Cuando el depredador se acerca demasiado, el pájaro sale volando a refugiarse y luego hacia su nido. El trino y la actuación del chorlito colirrojo le ayudan a proteger su nido.

El saltarín alitorcido tiene un trino interesante, pues usa sus alas para "hablar". Mueve sus plumas una sobre la otra y logra sonar como un violín.

Las aves tienen que adaptarse a sus medioambientes y cada uno les exige características diferentes. Ya sea una determinada manera de moverse, comer o "hablar", varias adaptaciones ayudan a las aves a sobrevivir.

Nombre_____

A. Vuelve a leer el pasaje y responde las preguntas.

1. ¿Cuál es la idea principal del tercer párrafo?

_____

_____

2. ¿Cuáles son los detalles clave del cuarto párrafo?

_____

_____

_____

3. ¿Cómo se relacionan estos detalles?

_____

_____

B. Trabaja con un compañero o una compañera. En voz alta, lean el pasaje durante un minuto. Presten atención al ritmo. Completen la tabla.

	Palabras leídas	–	Cantidad de errores	=	Puntaje: palabras correctas
Primera lectura		–		=	
Segunda lectura		–		=	

Nombre_____

Adaptaciones de las jirafas

Donde viven las jirafas, hay pocas plantas que los animales pueden comer. El cuerpo de las jirafas se ha adaptado para comer las plantas que hay disponibles. Las jirafas se alimentan principalmente de las hojas de acacia. Las ramas de este árbol son duras y espinosas. Sin embargo, las jirafas tienen una lengua

La lengua flexible de la jirafa se mete entre las espinas para arrancar las hojas.

larga y flexible. Esta les permite moverse alrededor de las espinas y arrancar las hojas. Incluso si una rama espinosa llega a la boca de la jirafa, su saliva espesa recubre las espinas y le protege la boca de algún corte.

Responde las preguntas sobre el texto.

1. ¿Cómo sabes que este es un texto expositivo?

_____

2. ¿Qué características del texto incluye el pasaje?

_____

3. ¿Cuál es el título? Da un ejemplo del tema que presenta.

_____

4. ¿Cómo el pie de foto y la foto te ayudan a entender mejor el texto?

_____

Nombre_____

Lee las oraciones. Luego, responde las preguntas sobre las palabras en negrillas.

1. El prefijo *in-* significa "no". ¿Qué significa **inseguro** en la siguiente oración? "Este pájaro fabrica su nido en el suelo. Esto puede ser **inseguro**".

_____

2. ¿Qué significa **indeseada** en la siguiente oración? "Este camuflaje le ayuda a evitar llamar la atención **indeseada**".

_____

3. ¿Qué significa **inusual** en la siguiente oración? "El sonido chillón y este acto **inusual** distraen al depredador".

_____

4. El prefijo *des-* significa "lo contrario de o falta de". ¿Qué significa **desventaja** en la siguiente oración? "Sin plumas a prueba de agua, estarían en **desventaja**".

_____

5. El prefijo *re-* significa "de nuevo." ¿Qué significa **reproducirse** en la siguiente oración? "Esta atención les ayuda a encontrar una pareja para **reproducirse**".

_____

Nombre_____

A. Lee el borrador de ejemplo. Las preguntas te ayudarán a pensar en el orden lógico con el que puedes presentar los detalles.

Borrador

Una jirafa tiene manchas en su piel. Las jirafas son animales altos de África. Miden entre 14 y 19 pies de altura.

---

1. ¿Cómo podrían redistribuirse las ideas para ayudar a los lectores a entender mejor la idea principal del texto?

2. ¿Con qué otros animales se relacionan las jirafas?

3. ¿Las jirafas son más altas que cuáles animales?

4. ¿Qué otro animal tiene manchas en su piel?

B. Ahora revisa el borrador y redistribuye las ideas para presentarlas en un orden lógico que ayude a los lectores a entender mejor los detalles sobre las jirafas.

_____
_____
_____
_____
_____
_____
_____
_____

Nombre_____

Grant escribió los siguientes párrafos e incluyó evidencia del texto de dos fuentes diferentes para seguir la instrucción: *Compara la explicación que da Nic Bishop de cómo las arañas fabrican la seda con la explicación que se da de esto en el cuento de Anansi. Presenta el tema y utiliza transiciones.*

En *Arañas* y "Anansi y los pájaros" se describe de manera muy diferente cómo las arañas fabrican la seda. En *Arañas*, el autor presenta datos sobre el cuerpo de las arañas y la seda que fabrican. Sin embargo, en "Anansi y los pájaros" no se presentan datos reales sino que se relata un cuento para explicar cómo las arañas fabrican la seda.

Nic Bishop explica que las *arañas* disparan sus hilos desde las hileras que tienen en el abdomen. En "Anansi y los pájaros", Anansi cae de un acantilado. Luego, el búho le dice a Anansi que meta la barriga y, cuando lo hace, salen disparados hilos de seda de detrás de él. En *Arañas* se presentan datos sobre las arañas reales, pero en "Anansi y los pájaros", a partir de la seda de Anansi, se da una lección. Anansi no es una araña de verdad, pero utiliza la seda como lo hacen las arañas reales.

Vuelve a leer el pasaje y sigue las instrucciones.

1. **Encierra en un círculo** la oración con la que Grant presenta el tema de su escrito.

2. **Encierra en un cuadrado** la palabra que Grant utiliza en el primer párrafo para conectar sus ideas.

3. **Subraya** la oración en la que se explica qué le dice el búho a Anansi.

4. **Escribe** un ejemplo de complemento indirecto que utilizó Grant en su escrito.

_____

Nombre_____

| creativo | descriptivo | pandereta | remoto |

Completa las oraciones con las palabras de vocabulario.

1. **(creativo)** Los artistas son _____

    _____.

2. **(descriptivo)** Realmente me gusta este autor _____

    _____.

3. **(pandereta)** En el grupo musical de la clase _____

    _____.

4. **(remoto)** La película muestra _____

    _____.

Nombre _____

Lee la selección y completa el organizador gráfico de punto de vista.

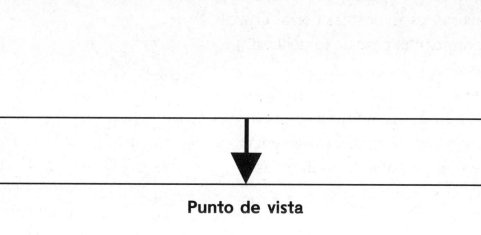

Detalles

Punto de vista

Nombre_____

Lee el poema. Pregúntate lo que piensa y siente el autor a medida que lees para verificar que comprendes el texto.

Caballo

	Precioso caballo alazán tostado,
4	desde aquí aprecio tu elegancia pura.
10	De frente con estrella estás marcado.
16	Brillas como una luz de la hermosura.
23	Cual rayo corres libre por los prados;
30	atraviesas las montañas volando;
34	saltas obstáculos a todos lados;
39	mientras estoy cantando y tocando.
44	Tus patas como dos columnas duras,
50	te sirven de apoyo y de fortaleza.
57	Tus cascos al tocar las tierras crudas
64	retumban al paso de tu nobleza.
70	Tus ojos son un pozo de silencio.
77	Tu mirada cuenta tus aventuras.
82	Cuando giras la cabeza sentencio,
87	precioso caballo de las llanuras.

Nombre_____

A. Vuelve a leer el pasaje y responde las preguntas.

1. ¿Desde qué punto de vista se escribió el poema?

_____

_____

2. ¿Cómo sabes desde qué punto de vista se escribió?

_____

_____

3. ¿Qué piensa el narrador del caballo?

_____

_____

_____

B. Trabaja con un compañero o una compañera. En voz alta, lean el pasaje durante un minuto. Presten atención a la expresión y la articulación. Completen la tabla.

	Palabras leídas	–	Cantidad de errores	=	Puntaje: palabras correctas
Primera lectura		–		=	
Segunda lectura		–		=	

Nombre

Mi gato

Ronroneando está mi gato.
Va dar un brinco de lado,
listo para dar un salto,
porque quiere mi helado.

Su apetito me asusta,
es un súper gato glotón.
La leche fría le gusta,
por eso pide un montón.

Responde las preguntas sobre el texto.

1. ¿Cómo sabes que este es un poema lírico?

_____

2. ¿Cuál es el esquema de la rima de este poema?

_____

_____

3. ¿Qué piensa el poeta de su gato?

_____

_____

Nombre_____

> La **métrica** es el ritmo de las sílabas en cada verso de un poema.
> Se forma con la combinación de sílabas acentuadas o sin acentuar.
>
> Las palabras **riman** cuando sus sílabas finales suenan igual.

Lee los versos del poema lírico. Luego, responde las preguntas.

Caballo

Precioso caballo alazán tostado,

desde aquí aprecio tu elegancia pura.

De frente con estrella estás marcado.

Brillas como una luz de la hermosura.

Cual rayo corres libre por los prados;

atraviesas las montañas volando;

saltas obstáculos a todos lados;

mientras estoy cantando y tocando.

1. **Encuentra dos ejemplos de rima en el poema. Escríbelos a continuación.**

   _____

2. **¿Qué tipo de métrica hay en el poema?**

   _____

3. **¿De qué manera la métrica y la rima afectan el poema?**

   _____

   _____

4. **Escribe otra estrofa para este poema que incluya métrica y rima.**

   _____

   _____

Nombre_____

Lee los pasajes. Subraya los símiles o las metáforas en las oraciones. Luego, escribe las dos cosas que se están comparando en los versos.

1. En frente con estrella estás marcado.

    Brillas como una luz de la hermosura.

    _____

2. Cual rayo corres libre por los prados.

    _____

3. Atraviesas las montañas volando;

    saltas obstáculos a todos lados;

    mientras estoy cantando y tocando

    _____

Nombre_____

A. Lee el borrador de ejemplo. Las preguntas te ayudarán a pensar en lenguaje preciso para que el lector pueda crear una imagen en su mente.

Borrador

Tenemos un loro en la finca. Se llama Pericles. Tiene plumas de colores. Le gusta estar en la cocina. Repite todo lo que oye.

---

1. ¿Por qué el autor tiene un loro en la finca?

2. ¿Por qué crees que el loro se llama Pericles?

3. ¿Por qué a Pericles le gusta estar en la cocina?

4. ¿Qué adjetivos y verbos expresivos se pueden agregar a la descripción de Pericles que ayuden a mostrar los sentimientos del autor por el loro?

B. Ahora revisa el borrador y agrega lenguaje preciso que ayude al lector a crear una imagen en su mente.

_____

_____

_____

_____

_____

_____

_____

Nombre_____

Katia escribió los siguientes párrafos e incluyó evidencia del texto de dos fuentes diferentes para responder la pregunta: *¿Cómo visualizan los poetas las características de los animales? Incluye lenguaje preciso y metáforas en tu composición.*

Insectos, aves, peces y rumiantes, estos son los animales que incluyeron los poetas en sus poemas. En "El canto de la cigarra", el escandaloso insecto aparece como un solitario violinista que no para de tocar su instrumento noche y día. En "El ave marina", la gaviota aparece como un símbolo del deseo humano de elevarse hasta lo más alto, en este caso, una estrella remota. Para la poeta de "Barrilete", este mecanismo volador es un pececillo del aire o un pájaro que aletea suavemente.

En el poema "Mi caballo cerrero", el animal imaginario no solo cabalga en las montañas, también lo hace en el agua. Además, salta como una pluma y corre como un lince. En "Receta para dormir" no podía faltar el conteo de ovejas entre los consejos de la poeta para conciliar el sueño. Cada poeta tiene una forma diferente de visualizar las características de los animales, ya sea como un músico solitario, como el símbolo de un deseo o como un caballo imaginario capaz de hacer cosas maravillosas.

Vuelve a leer el pasaje y sigue las instrucciones.

1. **Subraya** la descripción de uno de los animales en la que se haya empleado un lenguaje preciso.

2. **Encierra en un cuadrado** una metáfora que ayude a definir el barrilete.

3. **Encierra en un círculo** una característica propia de los seres humanos que se le haya atribuido a un animal.

4. **Escribe** un ejemplo de complemento circunstancial que Katia haya incluido en su composición.

_____

Nombre_____

barullo	complementario	encariñarse	mohoso
bienestar	confiable	inaugurar	ridículo

Responde las preguntas con las palabras de vocabulario. Luego, incluye cada palabra en una oración.

1. ¿Cómo se llama cuando se da inicio a una actividad con una celebración?

   _____

2. ¿Cómo le dices a una persona que es *leal*? _____

   _____

3. ¿Cuál es otra palabra para *suplementario*? _____

   _____

4. ¿Qué es lo contrario de *orden*? _____

   _____

5. ¿Cómo le dices al proceso de tomarle afecto a algo o a alguien? _____

   _____

6. ¿Cómo se le llama al sentimiento de *satisfacción*? _____

   _____

7. ¿Cuál es otra palabra para *absurdo*? _____

   _____

8. ¿Cómo le dices a un alimento que es descompuesto por hongos? _____

   _____

Nombre_____

Lee la selección y completa el organizador gráfico de punto de vista.

Detalles

↓

Punto de vista

Nombre_____

Lee el pasaje. Aplica la estrategia de visualizar como ayuda para comprender el relato de fantasía.

El roble y el pájaro diminuto

	Lejos en el campo, en medio de un pastizal, vivía un hermoso
12	roble. El roble amaba su hogar allí en el campo. Él adoraba sentir las
26	ardillas que saltaban de un tallo al otro. Le encantaba observar al
38	sol que salía cada mañana y se ocultaba en el horizonte cada noche.
51	Le gustaba sentir el viento en sus ramas. Durante las tormentas,
62	disfrutaba sentir el agua que corría por su tronco.
71	Una mañana, el árbol escuchó a un pájaro diminuto que gorjeaba
82	con tristeza en sus ramas. El árbol miró y allí vio a un bebé azulejo,
97	tembloroso. Él estaba solo en su nido de ramitas y plumas. El bebé
110	pájaro temblaba de miedo.
114	—¿Qué ocurre, pajarillo? —preguntó el árbol.
120	El pájaro diminuto saltó. Se veía sorprendido, sobresaltado por la
130	pregunta del árbol. El pájaro reprimió algunas lágrimas y dijo:
140	—Es mi mamá. Ella dejó el nido hace dos noches para traerme
152	algo de comida, y aún no ha regresado.
160	El árbol ya había visto esto antes. Algunas veces, las mamás pájaro
172	dejaban su nido para conseguir comida y se encontraban con un
183	peligro. En ocasiones, ellas permanecían lejos más tiempo del que
193	habían planeado.
195	—Bueno, tu madre pudo haberse ido, pero aún me tienes a mí
207	—dijo el árbol—. Primero lo primero. Pongamos algo de comida en
219	esa barriguita.
220	El roble vio algunas ardillas rebuscando en el piso. Corrían por
231	todas partes recogiendo comida.
235	—Tú, ardilla —susurró el árbol—. ¿Compartirías algunas de tus
	nueces y bayas con este buen azulejo pequeño?

Nombre_____

—¡Claro! —dijo la ardilla. Ella entró de carrera a su casa en el árbol. Reapareció igual de rápido con sus patas llenas de comida. La ardilla corrió de nuevo hacia el nido del pájaro y le lanzó nueces y bayas. El diminuto pájaro se comió todo y empezó a sentirse mucho mejor.

—Debes de tener sed —dijo el árbol. Con cuidado, el árbol agitó sus tallos, inclinó sus ramas con prudencia, y el rocío de la mañana goteó hacia la boca abierta del pájaro.

Con la ayuda de las ardillas, y ocasionalmente de otros animales, el roble alimentó y dio de beber al diminuto pájaro. De vez en cuando, una lechuza ayudaba. Algunas veces, una tormenta pasaba sobre los pastizales, y el roble ponía con cuidado sus tallos alrededor del diminuto pájaro para protegerlo del viento y la lluvia.

Esto continuó durante semanas. Lento pero seguro, el diminuto pájaro empezó a crecer.

Un día, el árbol fue a darle un vistazo al diminuto azulejo, pero el pájaro no estaba en su nido. El árbol buscó por todas sus ramas y tronco, e incluso en el piso, pero no podía ver al diminuto pájaro en ninguna parte. "¿Qué pudo haber ocurrido?", pensó el árbol. Justo entonces, con un aleteo, el azulejo a quien el árbol había amado y cuidado durante estas semanas, voló y aterrizó entre las ramas. Tenía la boca llena de jugosos y ricos gusanos.

—Vaya, has crecido —exclamó el árbol—. ¡Y puedes volar!

—Todo gracias a ti —contestó con una sonrisa el ya no tan diminuto azulejo.

Nombre_____

A. Vuelve a leer el pasaje y responde las preguntas.

1. ¿Qué pronombre se utiliza en el primer párrafo? ¿A qué personaje se refiere el pronombre?

_____

_____

2. ¿Participa el narrador en los sucesos del relato? Explica. ¿Desde qué punto de vista se narra el relato?

_____

_____

3. ¿Cuál es la perspectiva que tiene el narrador frente a los animales y la naturaleza? Cita detalles y evidencias del relato.

_____

_____

_____

B. Trabaja con un compañero o una compañera. En voz alta, lean el pasaje durante un minuto. Presten atención a la expresión. Completen la tabla.

	Palabras leídas	–	Cantidad de errores	=	Puntaje: palabras correctas
Primera lectura		–		=	
Segunda lectura		–		=	

Nombre_____

Una habitación perfecta

—¿Qué piensas de la habitación que preparamos para ti? —le preguntaron las criaturas viscosas a su nuevo amigo el robot—. La mayoría de las habitaciones están hechas con limo y baba, pero pensamos que te gustaría algo diferente.

El robot miró a su alrededor. El piso estaba hecho de metal claro y brillante. Los muebles tenían bordes perfectamente derechos. El contenido del armario estaba claramente rotulado. —¡Me encanta! —pitó él.

Responde las preguntas sobre el texto.

1. ¿Cuál es el género de este texto?

_____

2. ¿Cómo te ayuda la ilustración a identificar el género?

_____

_____

3. Describe uno de los personajes del texto. ¿Podría existir en la vida real el personaje que escogiste?

_____

_____

4. Describe el ambiente del texto. ¿Puede existir ese ambiente en la vida real?

_____

_____

Nombre_____

Lee los pasajes. Subraya las claves de contexto que te ayudan a descifrar el significado de las palabras en negrillas. Luego, escribe el significado de las palabras en el espacio dado.

1. El árbol miró y allí vio a un bebé azulejo **tembloroso**. Él estaba solo en su nido de ramitas y plumas. El bebé pájaro temblaba de miedo.

   _____

2. El pájaro diminuto saltó. Se veía sorprendido, **sobresaltado** por la pregunta del árbol.

   _____

3. —¡Claro! —dijo la ardilla. Ella **entró de carrera** a su casa en el árbol. Reapareció igual de rápido con sus patas llenas de comida. La ardilla corrió de nuevo hacia el nido del pájaro y le lanzó nueces y bayas.

   _____

4. Con cuidado, el árbol agitó sus tallos. Con **prudencia** inclinó sus ramas y el rocío de la mañana goteó hacia la boca abierta del pájaro.

   _____

5. Con la ayuda de las ardillas, y **ocasionalmente** de otros animales, el roble alimentó y dio de beber al diminuto pájaro. De vez en cuando, una lechuza ayudaba.

   _____

Nombre_____

A. Lee el borrador de ejemplo. Las preguntas te ayudarán a pensar en transiciones que puedes agregar.

> # Borrador
>
> Liz estaba nerviosa porque era su primer día en la escuela submarina. Ella se movía inquietamente en su concha hermética. Su profesora, una langosta, la saludó. Ella se hizo amiga de un pez. Ella tuvo un buen día.

1. ¿Qué palabras o frases de transición podrían mostrar una relación de causa y efecto entre el nerviosismo de Liz y su inquietud?

2. ¿Qué palabras o frases de transición podrían ayudar a conectar las ideas en el resto del pasaje?

3. ¿Qué palabras o frases de transición se pueden agregar para dar claridad al orden de los sucesos?

B. Ahora revisa el borrador y agrega palabras y frases de transición para ayudar a contar el orden de los sucesos y conectar ideas.

_____
_____
_____
_____
_____
_____
_____

Nombre_____

Shaun incluyó en su escrito evidencia del texto de dos fuentes para responder la pregunta: *¿Cómo respondieron la zarigüeya y el feroz chenoo a la hospitalidad que les brindaron? Incluye palabras concretas en tu escrito.*

Las respuestas de los personajes fueron diferentes, pero, al final, el resultado fue el mismo. En *Una zarigüeya en mi mochila*, la relación entre el animalito y la dueña de la mochila empezó mal: la primera mordía los lápices de la niña y esta olvidaba darle tortillas al mamífero. Con el tiempo, empezaron a llevarse mejor, y la zarigüeya se volvió una celebridad en la escuela. Así que pensó que encontraría una mochila mejor y se marchó, pero las cosas no salieron como esperaba. Después de rodar de una mochila a otra decidió regresar, pues supo que en ningún otro sitio podría estar mejor.

En "La niña y el chenoo", el chenoo era un terrible depredador y un ladrón de corazón frío. Por esta razón, la narradora se sorprendió cuando vio que su hermana lo había recibido en la casa de invierno. Como la hermana era tan compasiva invitó a cenar al chenoo, quien aportó a la cena cuatro alces. Gracias a la bondad de la chica, el helado corazón del chenoo se derritió y este se convirtió en un bondadoso anciano que se quedó a vivir con la familia que tan bien lo trató.

Vuelve a leer el pasaje y sigue las instrucciones.

1. **Subraya** algunas palabras concretas con las que se describa la relación entre la dueña de la mochila y la zarigüeya.

2. **Encierra en un círculo** las frases de transición que te sirvan para comprender la secuencia de la composición.

3. **Encierra en un cuadrado** el texto en el que se explica cómo era el chenoo antes de convertirse en un ser bondadoso.

4. **Escribe** una oración en la que Shaun haya incluido un infinitivo y le haya dado un uso idiomático.

Nombre_____

aurora   embarcadero   organizaciones   plácidamente

chalupa   generosidad   orientar   travesía

Las claves de contexto de cada oración te pueden servir como ayuda para decidir qué palabra de vocabulario debe ir en cada espacio.

La _____ empezaba a nacer, resplandeciente y tranquila.

El campesino sonreía _____ en su mecedora mientras tomaba

una taza de café para empezar el día. Pensaba en la _____

que debía realizar para llegar al otro lado del río. Entonces se dirigió al

_____ y vio que sus amigos estaban esperándolo. Se subieron a la

_____ y emprendieron el viaje que hacía meses habían planeado.

Estaban contentos porque al llegar a su destino encontrarían una especie

de planta para preparar una medicina para los terneros. El campesino había

solicitado a algunas _____ de la región, que se encargaban de

inspeccionar a los animales de granja, que les ayudaran con lo necesario para el

viaje. Su _____ fue valorada por todos los campesinos. Cuando

llegaron, se dejaron _____ por los expertos, quienes les ayudaron

a hallar lo que necesitaban.

Nombre_____

Lee la selección y completa el organizador gráfico de punto de vista.

Detalles

↓

Punto de vista

Nombre_____

Lee el pasaje. Aplica la estrategia de visualizar para verificar que comprendes el texto.

Los guardianes de los árboles

Me llamo Tomás y vivo en una hermosa casa a las afueras de la
14 | ciudad, muy cerca de un gran bosque. Allí hay un lugar especial
26 | para acampar a donde siempre he querido ir. Un día, les propuse a
39 | mis padres que fuéramos en compañía de mis primos. Sabía que la
51 | pasaríamos muy bien.

54 | En efecto, el viernes siguiente, mi tía y mis primos llegaron con
66 | su equipaje. Juntos alistamos las tiendas, linternas, cobijas y demás
76 | objetos necesarios para nuestro campamento, pues partiríamos a la
85 | mañana siguiente. Luego nos sentamos todos a cenar y, mientras
95 | comíamos, mi prima Carolina dijo:

100 | —¡Estoy tan emocionada! Cuando veamos a los guardianes...

108 | —¿Los guardianes? —interrumpió mi mamá—. ¿De qué hablas?

116 | —De los guardianes de los árboles —respondió Carolina. Son seres
126 | muy antiguos que habitan en los bosques. Dicen que son muy sabios y
139 | que le dan consejos a la gente.

146 | Yo me quedé callado un rato y luego agregué:

155 | —Ahora que recuerdo, mi maestra de artes me propuso que
165 | ayudara a mis compañeros con la técnica de acuarela. ¡Creo que un
177 | guardián podría darme una recomendación sobre cómo ser un gran
187 | instructor! No sé cómo hacerlo.

192 | —Relájate, hijo —añadió mi papá—. Ellos podrán darte buenos
201 | consejos.

202 | Cuando terminamos de comer, nos dirigimos a las habitaciones
211 | para descansar y despertarnos temprano. El sábado en la mañana
234 | caminamos hacia el bosque y lo primero que vimos fue a un guardián
248 | que hablaba con un zorro. El zorro le preguntó algo en secreto y el
262 | guardián le respondió en voz baja.

Nombre _____

El animalito lo escuchó con atención, le dio las gracias y se fue saltando muy alegre porque había recibido una lección muy valiosa. ¡Yo estaba muy sorprendido!

Mientras mi familia y yo nos ubicábamos en un sitio adecuado para acampar, pensé en pedirle ayuda al guardián y me aproximé.

—Mucho gusto, señor —le dije—. Mi nombre es Tomás, ¿podría ayudarme con algo?

—Cuéntame, pequeño —me respondió el guardián, muy interesado.

—Lo que ocurre es que me va muy bien en la clase de artes. Mi maestra me pidió que ayudara a otros compañeros con una de las técnicas, porque aunque ella enseña estupendamente, hay niños que no han logrado aprender, ¡pero no sé cómo hacerlo! ¿Qué hago? —le pregunté.

El guardián sonrió, se puso unas gafas, alcanzó un libro muy pesado y leyó en sus hojas algo que parecía ser muy interesante. Luego me dijo:

—Veamos. El libro de los consejos prácticos de los guardianes y yo te recomendamos que trates de explicarles a tus compañeros lo que es la inspiración.

—¿Y qué es la inspiración? —pregunté.

—Es el momento cuando surge la creatividad. Te impulsa a pintar, escribir, dibujar o cualquier otra cosa —dijo el guardián.

—¿Es algo así como lo que siento al dibujar o pintar? —indagué.

—Exactamente, mi querido niño—. Dime, ¿qué sientes cuando creas algo? —inquirió.

—¡Mucha alegría! Me siento muy feliz —expresé animado.

Entonces el guardián me dijo que ayudara a mis amigos a pensar en las cosas que más les gustan; a imaginar formas, personas o animales con sus colores preferidos, para luego hacer una bella pintura. Al día siguiente regresamos a casa. Cuando volví a la escuela el lunes, seguí los consejos del guardián ¡y pude ayudar a mis compañeros a inspirarse también!

Nombre_____

A. Vuelve a leer el pasaje y responde las preguntas.

1. ¿Desde qué punto de vista se narra el relato?

_____

_____

_____

2. ¿Cómo lo sabes?

_____

_____

_____

3. ¿Qué le aporta este punto de vista al relato?

_____

_____

B. Trabaja con un compañero o una compañera. En voz alta, lean el pasaje durante un minuto. Presten atención a la expresión. Completen la tabla.

	Palabras leídas	–	Cantidad de errores	=	Puntaje: palabras correctas
Primera lectura		–		=	
Segunda lectura		–		=	

Nombre_____

Los anillos de Saturno

El sueño de David era conocer Saturno, pues le parecía que sus anillos eran maravillosos. Una noche, mientras observaba Saturno desde su telescopio, vio que un extraterrestre lo saludaba. Este subió a una nave y llegó a casa de David.

—Hola, terrícola —dijo el extraterrestre—. He notado que observas nuestro planeta con mucho interés, ¿te gustaría visitarlo?

—¡Vaya, me encantaría! —le respondió David saltando de emoción.

El extraterrestre tomó su teléfono espacial y llamó a un amigo. Luego arribó una nave en la que cabía David y todos se dirigieron a Saturno.

Cuando llegó, David tomó muchas fotografías y conoció lugares increíbles. Al regresar, hizo un álbum de fotos y se dio cuenta de que en una de ellas se veía la Tierra desde Saturno. Esa fue la mejor fotografía de todas.

Responde las preguntas sobre el texto.

1. **¿Cómo sabes que este es un texto de fantasía?**

   _____

   _____

2. **¿Qué personaje fantástico encuentras en el relato? ¿Cómo se comunica?**

   _____

   _____

3. **¿Qué situación es inventada por el autor?**

   _____

   _____

4. **Identifica un objeto fantástico que creó el autor. ¿Qué función tiene?**

   _____

Nombre_____

Lee los fragmentos del pasaje. Subraya las claves de contexto que te ayudan a comprender las palabras en negrillas. Escribe una definición corta de cada una. Luego, incluye cada palabra en una oración.

1. Son seres muy antiguos que habitan en los bosques. Dicen que son muy **sabios** y que le dan consejos a la gente.

    _____

    _____

2. Cuando terminamos de comer, nos dirigimos a las habitaciones para descansar y despertarnos **temprano**. El sábado en la mañana caminamos hacia el bosque y lo primero que vimos fue a un guardián que hablaba con un zorro.

    _____

    _____

3. Lo que ocurre es que en la **clase** de artes me va muy bien. Mi profesora me pidió que ayudara a otros compañeros con una de las técnicas, porque aunque ella enseña estupendamente, hay niños que no han logrado aprender, ¡pero no sé cómo hacerlo! ¿Qué hago?

    _____

    _____

4. El guardián sonrió, se puso unas gafas, alcanzó un **libro** muy pesado y leyó en sus hojas algo que parecía ser muy interesante.

    _____

    _____

Nombre_____

A. Lee el borrador de ejemplo. Las preguntas te ayudarán a pensar en palabras expresivas que puedes agregar.

Borrador

Pablo inventó una máquina del tiempo. Viajó al futuro para ayudar al planeta. La Madre Tierra le dijo que el agua debía ser preservada. Cuando volvió, inició una campaña en las escuelas.

---

1. ¿Qué palabras expresivas describirían la máquina que inventó?

2. ¿De qué manera ayudó Pablo al planeta?

3. ¿Qué palabras expresivas podrías utilizar para dar una visión más clara a los lectores sobre la campaña que inició Pablo en las escuelas?

B. Ahora revisa el borrador y agrega palabras expresivas al relato para hacerlo más claro e interesante de leer.

_____

_____

_____

_____

_____

_____

_____

_____

Nombre_____

Ava incluyó en su escrito evidencia del texto de dos fuentes diferentes para responder la pregunta: *¿De qué manera el farolero del relato y los jóvenes voluntarios ayudan a sus comunidades? Incluye palabras expresivas en tu escrito.*

El farolero y los jóvenes voluntarios saben que sus acciones pueden solucionar problemas de la comunidad. En *El farolero*, el anciano farolero, con su rostro iluminado, guía a los navegantes en medio del mar. También ayuda y aconseja al joven expectante que va a reemplazarlo. Le explica todo lo relacionado con el oficio y los peligros a los cuales tendrá que enfrentarse. Cierto día, una ola magna, la más peligrosa, amenaza con destruir la goleta de los niños. El anciano decide salvar la vida de los pequeños y enfrenta a la ola en su chalupa. La vence, pero nadie vuelve a saber de él.

Los voluntarios de "La participación en el servicio comunitario" resuelven problemas en sus comunidades. Alex Lin recicla e-desechos y, junto con su escuela, inició un programa para arreglar y donar computadoras viejas. Erica Fernandez evitó que se construyera una planta de gas natural cerca de su ciudad y salvó el medioambiente local. Evan Green fundó el Red Dragon Conservation Team, que tiene como propósito proteger la tierra y el océano.

Vuelve a leer el pasaje y sigue las instrucciones.

1. **Encierra en un cuadrado** dos ejemplos de palabras expresivas que haya incluido Ava en su escrito.

2. **Subraya** las palabras precisas que describen lo que la ola magna representa para la goleta de los niños.

3. **Encierra en un círculo** el propósito de alguno de los jóvenes voluntarios.

4. **Escribe** una frase en la que Ava haya incluido un verbo regular conjugado en presente.

Nombre_____

| aficón | crueldad | injusticia | publicar |
| boicotear | estimular | lograr | tímido |

Completa las oraciones con las palabras de vocabulario.

1. **(estimular)** Mi profesora me dijo que es importante _____

   _____.

2. **(afición)** Cuando las personas tienen una _____

   _____.

3. **(injusticia)** Se cometió una gran _____

   _____.

4. **(tímido)** Siempre he sido muy _____

   _____.

5. **(lograr)** Para ser exitosos debemos _____

   _____.

6. **(crueldad)** Estamos decididos a combatir la _____

   _____.

7. **(boicotear)** No tiene sentido _____

   _____.

8. **(publicar)** Estoy listo para _____

   _____.

Nombre

Lee la selección y completa el organizador gráfico de punto de vista del autor.

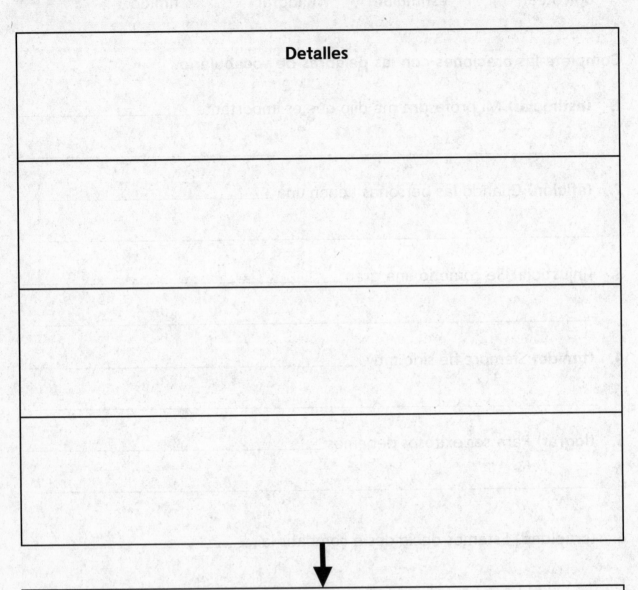

Detalles

Punto de vista del autor

Nombre_____

Lee el pasaje. Aplica la estrategia de volver a leer como ayuda para entender y recordar la información.

La lucha de un niño por los derechos

	A la edad de 12 años, Craig Kielburger de Ontario, Canadá, leyó
12	una noticia terrible que cambió su vida. Se trataba de Iqbal Masik.
24	Iqbal era un niño de Paquistán que fue forzado a trabajar en una
37	fábrica de alfombras. Craig leyó sobre cómo los niños eran sacados
48	de sus hogares y se los ponía a trabajar a muy temprana edad. Craig
62	era libre. La idea de ser prisionero lo horrorizaba.
71	**La historia de Iqbal**
75	Iqbal tenía la misma edad de Craig. Había estado trabajando
85	constantemente durante 12 horas diarias desde que tenía cuatro años.
95	El trabajo sin descanso impidió que Iqbal fuera a la escuela. No lo
108	trataban bien y vivía detrás de paredes y rejas enormes.
118	Más tarde, la policía liberó a Iqbal. Él trató de que su historia se
132	conociera y habló con la prensa.
138	**Liberen a los niños**
142	La historia de Iqbal entristeció a Craig. Esto los animó a él y a sus
157	amigos a escribir peticiones y contactar a los líderes mundiales para
168	recaudar dinero para una causa maravillosa.
174	En 1996, Craig fundó Free the Children. Este comenzó como un
185	grupo de jóvenes que querían detener el trabajo infantil alrededor del
196	mundo.

Nombre _____

Craig Kielburger y Free the Children

A la edad de
12 años, Craig fundó
Free the Children

A la edad de 14 años,
Craig liberó niños en el
Sur de Asia

En la actualidad, Craig
sigue luchando por los
derechos de los niños

Muchas personas no eran conscientes de que algunos niños estaban
siendo forzados a trabajar en fábricas. Free the Children ayudó a que
Canadá verificara las alfombras que se llevaban al país. Las alfombras
que no estaban hechas por niños se codificaban.

Cuando Craig tenía 14 años, fue con la policía al Sur de Asia en
busca de niños obligados a trabajar. Los niños fueron devueltos a sus
padres. Craig habló con ellos y conoció las historias de sus familias.

Conflicto y resultados

Algunas personas diferían de Craig. No estaban de acuerdo con él
porque pensaban que era demasiado joven. A ellos no les gustaba que
él hablara de estas cosas.

Sin embargo, eso no detuvo al grupo de Craig. Después de dos
años, el grupo usó el dinero que se recolectó para construir un
centro en Paquistán. El centro alojó y dio educación a los niños que
escapaban del cautiverio.

Free the Children aún prospera. Crece porque países como Estados
Unidos y Alemania se han enterado de la misión de Craig. Han
tomado cartas en el asunto. Free the Children recauda dinero con el
lavado de automóviles y la venta de productos horneados. Algunas
personas también donan dinero.

Craig ha ayudado a construir más de 100 escuelas y centros para
niños necesitados. Con su ayuda y la de otras personas interesadas, el
grupo de Craig puede lograr su objetivo de luchar por los derechos de
los niños: es una muy buena causa.

Nombre_____

A. Vuelve a leer el pasaje y responde las preguntas.

1. ¿Qué dos detalles de los párrafos 1 y 4 te indican cuál es el punto de vista del autor?

_____

_____

_____

2. ¿En qué se parecen los dos detalles?

_____

_____

3. ¿Cuál es el punto de vista del autor en el pasaje? Proporciona evidencias o razones del pasaje.

_____

_____

_____

B. Trabaja con un compañero o una compañera. Lean el pasaje en voz alta durante un minuto. Presten atención a la precisión. Completen la tabla.

	Palabras leídas	–	Cantidad de errores	=	Puntaje: palabras correctas
Primera lectura		–		=	
Segunda lectura		–		=	

Nombre_____

Talia Leman y RandomKid.org

En 2005, el huracán Katrina golpeó con fuerza la costa del golfo de Estados Unidos. Talia Leman, de diez años de edad, ayudó a recaudar más de 10 millones de dólares para ayudar a las víctimas.

Luego, Leman fundó la página web RandomKid.org. Esta página ayuda a muchas causas alrededor del planeta y ha ganado varios premios y reconocimientos en todo el mundo. Más de 12 millones de jóvenes de 20 países se han unido a este proyecto.

En 2011, Leman ganó el Premio Jefferson por el cambio global. Fue la recompensa por su servicio público.

Sucesos importantes en la vida de Talia Leman

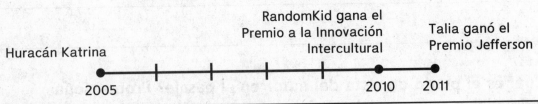

Responde las preguntas sobre el texto.

1. ¿Cómo sabes que este texto es una biografía?

_____

2. ¿Qué característica del texto se incluye en este pasaje?

_____

3. ¿De qué manera la línea cronológica te ayuda a entender mejor el texto?

_____

_____

4. ¿Cómo sabes que los sucesos del texto están en orden cronológico?

_____

_____

Nombre_____

Lee las oraciones. En la segunda oración, subraya la palabra o la expresión que sea un sinónimo o un antónimo de la palabra o la expresión en negrilla. Luego, escribe en el espacio la definición de la palabra o la expresión que subrayaste.

1. Craig era **libre**. La idea de ser prisionero lo horrorizaba.

_____

2. Había estado trabajando **de manera constante** durante 12 horas diarias desde que tenía cuatro años. El trabajo sin descanso impidió que Iqbal fuera a la escuela.

_____

3. La historia de Iqbal **entristeció** a Craig. Esto los animó a él y a sus amigos a escribir peticiones y contactar a los líderes mundiales para recaudar dinero para una causa maravillosa.

_____

4. En 1996, Craig **fundó** Free the Children. Este comenzó como un grupo de jóvenes que querían acabar con el trabajo infantil alrededor del mundo.

_____

5. Algunas personas **diferían** de Craig. No estaban de acuerdo con él porque pensaban que era demasiado joven.

_____

Nombre_____

A. Lee el borrador de ejemplo. Las preguntas te ayudarán a pensar en razones y evidencias relevantes que puedes agregar.

Borrador

La señora Cárdenas aportó su grano de arena a nuestra comunidad. Ella fundó una escuela de enfermería hace cinco años. Había escasez de enfermeras calificadas en nuestra ciudad antes de que la escuela se inaugurara.

---

1. ¿Qué esfuerzos hizo la señora Cárdenas para inaugurar la escuela de enfermería?

2. ¿Qué detalles concretos describirían el problema de la escasez de enfermeras?

3. ¿Qué razones y evidencias mostrarían cómo ayudó la escuela a disminuir la escasez?

4. ¿Qué ejemplos mostrarían cómo mejoraron las cosas?

B. Ahora revisa el borrador. Agrega razones y evidencias que ayuden a convencer a los lectores de estar de acuerdo con la opinión del escritor.

_____
_____
_____
_____
_____
_____

Nombre_____

Sebastian incluyó en su escrito evidencia del texto de dos fuentes diferentes para responder la pregunta: *¿Qué aportes hicieron a la libertad y la justicia los protagonistas de los dos textos?*

José Martí y la familia Davis aportaron su grano de arena en la búsqueda de la libertad y la justicia en sus países. En *José*, José Martí se dio cuenta desde pequeño de las difíciles condiciones de los campesinos cubanos. Luego, las enseñanzas de un maestro y la influencia de la Revolución francesa lo llenaron de deseos de independencia. Cuando cumplió quince años, inició la guerra de Independencia en Cuba. José no podía pelear, pero sí podía ayudar con sus escritos a difundir el amor patrio, la libertad de América y la unión de los pueblos hermanos.

En "Cómo se mantiene la libertad en familia", los integrantes de la familia Davis fueron activistas del Movimiento por los Derechos Civiles, cuyo objetivo era que los afroamericanos tuvieran los mismos derechos que el resto de la población. Para lograrlo, los activistas asistían a piquetes en los que se buscaba libertad, justicia e igualdad para todos. Gracias a los Davis, y a otras familias, los derechos civiles hoy son una realidad.

Vuelve a leer el pasaje y sigue las instrucciones.

1. **Encierra en un cuadrado** las palabras con las que se indique secuencia en el párrafo sobre José Martí.

2. **Encierra en un círculo** la evidencia relevante con la que se indique los aportes de José Martí por la libertad de América.

3. **Subraya** una palabra con la que se conecten las ideas en el fragmento sobre los Davis.

4. **Escribe** una frase en la que Sebastian haya incluido el pretérito de un verbo regular.

_____

_____

Nombre_____

adolescente	discurso	proclamación	seguidor
aliado	patria	recompensa	sociedad

Responde las preguntas con las palabras de vocabulario. Luego, escribe una oración que incluya cada palabra.

1. ¿Cómo se llama la información que se da ante un público? _____

   _____

2. ¿Qué es un anuncio público legal? _____

   _____

3. ¿Cuál es el dinero que recibes por dar información importante?

   _____

4. ¿Cómo se llama a una persona que tiene entre trece y diecinueve años de edad?

   _____

5. ¿Quién es una persona que me ayuda a lograr los objetivos que tengo?

   _____

6. ¿Cómo le llamas a tu país afectuosamente? _____

   _____

7. ¿Cuál es el grupo de personas que comparten una cultura? _____

   _____

8. ¿Qué personas acompañan a los famosos? _____

   _____

Nombre_____

Lee la selección y completa el organizador gráfico de punto de vista del autor.

Detalles

↓

Punto de vista del autor

Nombre

Lee el pasaje. Aplica la estrategia de volver a leer para verificar que comprendes el texto.

Una verdadera declaración

11   ¿Te gusta escribir? ¿Y si las palabras que escribieras ayudaran a
24   crear las leyes? Esto es algo que hizo Thomas Jefferson. Él fue el
35   tercer presidente de Estados Unidos, pero tal vez lo recordemos más
       por escribir la Declaración de Independencia.

41   **Un buen comienzo**

44   Jefferson nació el 13 de abril de 1743. Al cumplir los nueve años,
57   comenzó a estudiar latín, griego y francés. Más tarde sería capaz de
69   hablar cinco idiomas y de leer siete.
76   Cuando llegó a la escuela, estudió leyes. En 1769 formó parte
87   del Parlamento, que fue el primer grupo de legisladores electos en
98   Estados Unidos. Jefferson no era conocido por ser un buen orador. Sin
110   embargo, no solo las palabras dichas generan cambios. Algunas veces
120   las palabras escritas pueden ser igualmente valiosas. A las personas
130   les gustaba la forma en que él escribía los informes de las reuniones
143   que presenciaba. Sabían que él escribía muy bien.
151   Cuando las personas se querían independizar de Gran Bretaña,
160   le pidieron ayuda a Jefferson. Le pidieron que escribiera por qué
171   deseaban rebelarse contra Inglaterra. De esta manera, Jefferson
179   escribió la Declaración de Independencia.

Nombre_____

El poder de las palabras

La declaración establecía que todos somos iguales. Enunciaba que todos tenemos ciertos derechos como "la vida, la libertad y la búsqueda de la felicidad". Esto significa que todos debemos tener el derecho a la libertad y la felicidad. Jefferson escribió estas palabras cuando las personas tenían muchas críticas hacia las leyes británicas y querían librarse de estas leyes. No estaban de acuerdo con el rey. Todos deseaban proteger su felicidad y encargarse de hacer sus propias leyes.

Las palabras que Jefferson escribió reflejaban el pensamiento de muchos. Estas personas no querían vivir bajo el régimen británico porque sentían que no era justo. En cambio, anhelaban tener una vida en libertad, en la que todos fueran iguales y pudieran buscar la felicidad. Por esta razón Jefferson escribió que si un gobierno no funciona, "es el derecho del pueblo cambiarlo o abolirlo". Esto significa que las personas tenían el poder. Podían cambiar la forma en que las dirigían.

Las palabras de Jefferson permitieron que las personas fueran escuchadas. Estas palabras llenaron a todos de optimismo y les dieron fuerza. El pueblo se sintió listo para decir que era libre de Inglaterra. El día en que se hizo oficial la independencia es un día muy especial. ¿Sabes qué día es? Es el 4 de julio.

Jefferson participó en leyes y política. Sin embargo, también lo recordamos como un gran escritor. La declaración que redactó ayudó a que Estados Unidos se convirtiera en una nación. Esta llegó cuando el pueblo más lo necesitaba. Sin la fuerza de sus palabras, Estados Unidos no habría podido encontrar su libertad en ese entonces.

Nombre_____

A. Vuelve a leer el pasaje y responde las preguntas.

1. ¿Qué detalle del primer párrafo te indica lo que el autor considera como el aporte más importante de Jefferson?

_____

_____

_____

2. ¿Qué parte del séptimo párrafo te indica lo que el autor opina acerca de las palabras que escribió Jefferson?

_____

_____

_____

3. ¿En qué se parece o se diferencia tu opinión de la del autor respecto a lo que hizo Jefferson?

_____

_____

_____

B. Trabaja con un compañero o una compañera. En voz alta, lean el pasaje durante un minuto. Presten atención a la expresión. Completen la tabla.

	Palabras leídas	–	Cantidad de errores	=	Puntaje: palabras correctas
Primera lectura		–		=	
Segunda lectura		–		=	

Nombre_____

Un cambio motivador

John F. Kennedy no planeaba ser un político. De hecho, quería tener un trabajo en el mundo académico o en periodismo. No obstante, entre 1947 y 1953 formó parte del Parlamento y fue senador de 1953 a 1960. Luego, en 1960, fue elegido presidente y las palabras que pronunció en su discurso de 1961 ayudaron a generar cambios. Kennedy dijo: "No preguntes lo

El presidente John F. Kennedy pronuncia un discurso ante el Congreso en 1961.

NASA Headquarters-Greatest Images of NASA (NASA-HQ-GRIN)

que tu país puede hacer por ti, pregunta lo que puedes hacer por tu país". Él deseaba que la gente mejorara su vida.

Responde las preguntas sobre el texto.

1. **¿Cómo sabes que este texto es una biografía?**

_____

_____

_____

2. **¿Qué características del texto se incluyen en el pasaje?**

_____

3. **¿Qué te indica el pie de foto acerca de la imagen?**

_____

4. **¿Cómo sabes que la fotografía es una fuente primaria?**

_____

Nombre_____

Sufijo	Significado
-ción	acción y efecto
-or / -ora	cualidad
-ico	relacionado con
-sa / -so	abundante en

A partir de la información del recuadro, encierra en cada oración la palabra que tiene un sufijo griego o latino. Escribe su significado en el espacio dado. Usa un diccionario si es necesario.

1. Él fue el tercer presidente de Estados Unidos, pero tal vez lo recordemos más por escribir la Declaración de Independencia.

   _____

2. Jefferson no era conocido por ser un buen orador.

   _____

3. Algunas veces las palabras escritas pueden ser igualmente valiosas.

   _____

4. Estas personas no querían vivir bajo el régimen británico.

   _____

5. Sin embargo, también lo recordamos como un gran escritor.

   _____

Nombre_____

A. Lee el borrador de ejemplo. Las preguntas te ayudarán a pensar en detalles que puedes agregar para darle un buen final al texto.

Borrador

Yo había culpado a mi hermano por dañar uno de mis libros. Él insistió en que ni siquiera había estado en mi habitación. Luego vi la portada del libro en la boca de nuestro cachorro. Aprendí una importante lección.

---

1. ¿Qué detalles indican por qué el narrador culpó a su hermano de dañar su libro?

2. ¿Cómo estaba el cachorro cuando el escritor lo encontró?

3. ¿Qué detalles darían una sensación de cierre y resumirían la lección que aprendió el narrador?

B. Ahora revisa el borrador y agrega un buen final para ayudar a los lectores a tener una sensación de cierre.

_____

_____

_____

_____

_____

_____

_____

Nombre_____

Drew escribió los siguientes párrafos e incluyó evidencia del texto de dos fuentes diferentes para responder la pregunta: *¿En qué radica el poder de las palabras que pronunciaron Roberto Clemente y Abraham Lincoln? Incluye lenguaje preciso y un buen final en tu composición.*

El poder de sus palabras radica en que estaban acompañadas de acciones, pues tanto Clemente como Lincoln eran hombres que cumplían lo que decían. Por *Roberto Clemente, un hombre de palabra*, sabemos que el protagonista no solo fue uno de los mejores beisbolistas, también fue un hombre generoso. Cuando un terrible terremoto sacudió a Nicaragua, él se ofreció como voluntario para recolectar suministros. Abordó el avión con las provisiones, pero este tuvo problemas mecánicos y cayó al mar. Su esposa e hijos continuaron su legado y construyeron un complejo deportivo en Carolina, la ciudad donde nació el beisbolista.

"Un nuevo nacimiento de la libertad", fue el discurso que pronunció Lincoln con el que honraba a los soldados caídos en la batalla de Gettysburg, y esperaba que su esfuerzo no fuera en vano. Pedía que se siguiera trabajando para que "esta nación [...] nazca de nuevo [...] Que el gobierno del pueblo, por el pueblo y para el pueblo no desaparezca de la Tierra", y así sucedió.

Vuelve a leer el pasaje y sigue las instrucciones.

1. **Encierra en un cuadrado** un ejemplo de lenguaje preciso con el que se describa la generosidad de Clemente.

2. **Subraya** dos palabras que indiquen transición.

3. **Encierra en un círculo** la frase final del escrito de Drew.

4. **Escribe** una frase en la que Drew haya incluido un imperfecto de un verbo regular.

_____

_____

Nombre_____

agricultura	desacuerdo	heredar	preocupación
avance	frecuente	peculiaridad	resistencia

Completa las oraciones con las palabras del vocabulario.

1. **(peculiaridad)** Frutas como los limones y las limas _____

_____ .

2. **(frecuente)** Durante el invierno, _____

_____ .

3. **(agricultura)** Ella fue a la universidad a _____

_____ .

4. **(heredar)** Muchos padres esperan que sus hijos _____

_____ .

5. **(desacuerdo)** En el partido de fútbol, algunos fanáticos estuvieron en

_____ .

6. **(preocupación)** En la reunión del barrio, _____

_____ .

7. **(avance)** Las computadoras y los teléfonos celulares _____

_____ .

8. **(resistencia)** Para evitar enfermarse, _____

_____ .

Nombre_____

Lee la selección y completa el organizador gráfico de punto de vista del autor.

Detalles

$$\downarrow$$

Punto de vista del autor

Nombre_____

Lee el pasaje. Aplica la estrategia de volver a leer para verificar que comprendes el texto.

¿Es segura la energía nuclear?

Los átomos son partículas diminutas que forman todo en el
10 universo. En el centro de un átomo está su núcleo. La energía que
23 mantiene el núcleo unido se llama energía nuclear. Los científicos han
34 descubierto cómo convertir esa energía en electricidad, para usarla en
44 nuestra vida diaria. Esta energía es económica y limpia pero también
55 presenta riesgos.

57 **La era nuclear**

60 En la década de 1930, los físicos aprendieron a usar la energía
72 contenida en los átomos. Ellos fisionaron el átomo. Esto liberó una
83 gran cantidad de energía, lo cual fue algo emocionante para muchas
94 personas. Gran parte de la energía que se utilizaba procedía del
105 petróleo y el carbón. Pero la gente sabía que ni el petróleo ni el
119 carbón durarían para siempre. La energía nuclear era mucho más fácil
130 de conseguir, ¡y su descubrimiento fue grandioso!
137 Las plantas de energía nuclear ofrecen muchos beneficios; no
146 liberan sustancias químicas dañinas al aire y generan desperdicios
155 sólidos, que son más fáciles de controlar. Además, hay una cantidad
166 de desechos menor a la que resulta de otras formas de producción de
179 energía.
180 Las plantas de energía nuclear duran mucho más tiempo que las
191 plantas de carbón; algunas veces pueden durar hasta sesenta años.
201 Asimismo, las plantas de energía nuclear requieren solo una pequeña
211 cantidad de combustible, razón por la cual podríamos producir
220. energía nuclear por muchas generaciones.

Nombre_____

Problemas causados por los desechos

Infortunadamente, la energía nuclear trae serios problemas. El primer problema son los desechos que produce. Es cierto que la cantidad de desechos es pequeña, pero es altamente tóxica y los médicos han descubierto que puede causar enfermedades crónicas. Por esto, los desechos deben ser almacenados. Sin embargo, a veces se filtran y llegan a tener contacto con agua potable. Estos desechos pueden causar cáncer a los seres humanos.

El desastre del terremoto en Japón

Es cierto que los accidentes no son frecuentes pero cuando suceden pueden ser desastrosos. En el año 2011 hubo un gran terremoto en Japón que causó la destrucción de una de las plantas de energía nuclear. Este suceso es muy reciente para saber todos los efectos que podría tener. Sin embargo, los científicos creen que es uno de los peores desastres nucleares.

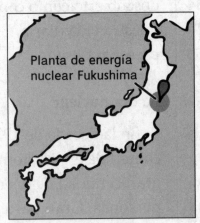

Planta de energía nuclear Fukushima

Cinco días después del terremoto, el gobierno de Estados Unidos recomendó a los ciudadanos estadounidenses que se alejaran si se encontraban en un área de 50 millas de la planta.

Miles de personas tuvieron que mudarse lejos de los alrededores de la planta. Hubo una fuga de desechos que contaminó el océano. La limpieza de estos tomará mucho tiempo; tardará décadas y será muy costosa.

Con cuidado

No hay duda de que la energía nuclear puede ser muy útil porque nos brinda electricidad. Puede ser segura y económica pero también es peligrosa. Si hemos de usarla, debemos hacerlo con mucho cuidado.

Nombre_____

A. Vuelve a leer el pasaje y responde las preguntas.

1. De acuerdo al párrafo 2, ¿de qué forma la energía nuclear es mejor que la energía del carbón y el petróleo?

_____

2. De acuerdo a los párrafos 3 y 4, ¿cuál es uno de los beneficios de la energía nuclear?

_____

3. Enumera dos problemas relacionados con la energía nuclear que el autor menciona en el texto.

_____

_____

_____

4. ¿Cuál es el punto de vista del autor sobre la energía nuclear?

_____

_____

B. Trabaja con un compañero o compañera. En voz alta, lean el pasaje durante un minuto. Presten atención al ritmo. Completen la tabla.

	Palabras leídas	–	Cantidad de errores	=	Puntaje: palabras correctas
Primera lectura		–		=	
Segunda lectura		–		=	

Nombre_____

¿Debemos usar un virus para detener a las hormigas rojas?

La hormiga roja ha sido una invitada poco grata en Estados Unidos desde su llegada en 1930. Las colonias de hormigas rojas causan daños de miles de millones de dólares cada año. Este dinero podría emplearse de una mejor forma.

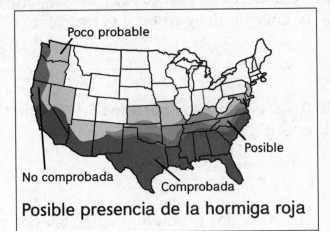

Posible presencia de la hormiga roja

Los científicos descubrieron un virus que podría ayudar a controlar las colonias de hormigas rojas. El virus SINV-1 puede destruir una colonia infectada en tres meses. Transformar el SINV-1 en un pesticida, ahorrará a los ciudadanos mucho dinero.

Responde las preguntas sobre el texto.

1. ¿Cómo sabes que este es un artículo persuasivo?

_____

2. ¿Cuál es la opinión del autor acerca del virus SINV-1?

_____

_____

3. ¿Qué característica del texto se incluye? Según la característica del texto, ¿de qué forma está cambiando la distribución de la hormiga roja?

_____

Nombre_____

> ### Significado de las raíces griegas
>
> *fis* – naturaleza o cuerpo   *dec* – diez
>
> *gen* – origen o clase   *cron* – tiempo

Lee los pasajes. El recuadro de raíces griegas y las claves de contexto te ayudarán a encontrar el significado de las palabras en negrillas. Escribe su significado en el espacio dado.

1. En la década de 1930, los **físicos** aprendieron cómo usar la energía contenida en los átomos. Ellos fisionaron el átomo.

   _____

2. Las plantas de energía nuclear duran mucho más tiempo que las plantas de carbón; algunas veces pueden durar hasta sesenta años. Asimismo, las plantas de energía nuclear requieren solo una pequeña cantidad de combustible, razón por la cual podríamos producir energía nuclear por muchas **generaciones.**

   _____

3. Hubo una fuga de desechos que contaminó el océano. La limpieza de estos tomará **décadas** y será muy costosa.

   _____

4. Es cierto que la cantidad de desechos es pequeña, pero es altamente tóxica y los médicos han descubierto que puede causar enfermedades **crónicas.**

   _____

Nombre_____

A. Lee el borrador de ejemplo. Las preguntas te ayudarán a pensar en el público a quien está dirigido el texto.

Borrador

La tecnología es súper. Hace las cosas más fáciles. Ayuda a la gente a estar en contacto con sus amigos y a encontrar información importante.

---

1. ¿Cuál puede ser el público al que está dirigido este texto?

2. ¿Qué palabras y detalles se podrían agregar o eliminar para que el propósito del texto sea más claro?

3. ¿Qué palabras en el borrador podrían cambiarse para que el texto tenga un tono más formal?

4. ¿Qué palabras en el borrador se podrían agregar o eliminar para que el texto sea aún más llamativo para el público?

B. Ahora revisa el borrador y agrega o reemplaza detalles para que el tono sea más formal.

_____

_____

_____

_____

_____

_____

Nombre_____

Cristina escribió los siguientes párrafos e incluyó evidencia del texto de dos fuentes diferentes para responder la pregunta: *En tu opinión, ¿es mejor confiar en semillas GM para sembrar cultivos o es mejor confiar en los métodos que utilizó Chris Stevens para hacer crecer su calabaza? Incluye detalles de ambas fuentes.*

Creo que cuando se trata de cultivar, es mejor confiar en los métodos que utilizó Chris Stevens para hacer crecer sus calabazas en "La elegida de la parcela". Él ganó el récord mundial de la calabaza más grande sin utilizar semillas GM. Sembró las calabazas en el suelo adecuado, las fertilizó y las protegió de los insectos y del viento.

El granjero de *Una nueva variedad de maíz* dice que prefiere cultivar maíz Bt, un alimento genéticamente modificado. Agrega que ya no tiene que fumigar más sus campos con pesticidas. Entiendo su punto de vista, sin embargo nadie conoce las consecuencias a largo plazo de comer alimentos GM. De hecho, algunas pruebas han demostrado que los ratones desarrollan lesiones estomacales al comer alimentos GM. Así que cuando decida cultivar, voy a confiar en los métodos de Chris Stephens.

Vuelve a leer el pasaje y sigue las instrucciones.

1. **Subraya** un ejemplo de evidencia en el texto que incluyó Cristina para sustentar su opinión.

2. **Encierra en un cuadrado** la evidencia en el texto que muestre el uso de tono formal para sustentar su propósito y atraer la atención de los lectores.

3. **Encierra en un círculo** una palabra con la que se indique transición.

4. **Escribe** una frase en la que Cristina haya utilizado un ejemplo de *ir a* seguido de infinitivo para indicar futuro.

_____

Nombre _____

| acuerdo | compromiso | enmienda | privilegio |
| aprobar | democracia | legislación | trozo |

Responde las preguntas con las palabras de vocabulario. Luego, escribe una oración con cada una.

1. ¿Qué palabra se refiere a una promesa que hacen dos partes?

_____

2. ¿Cuál es el sistema de gobierno en el que las personas deciden con su voto?

_____

3. Si se hacen cambios formales a una ley, ¿qué nombre reciben estos cambios?

_____

4. ¿Conoces otra palabra para *pedazo?* _____

_____

5. Si una comunidad crea sus leyes, ¿de qué se responsabiliza? _____

_____

6. ¿Conoces otra palabra para *pacto?* _____

_____

7. ¿Cómo llamarías a un derecho especial que tiene una persona? _____

_____

8. ¿Conoces otra palabra para *autorizar?*

Nombre _____

Lee la selección y completa el organizador gráfico de causa y efecto.

Causa	→	Efecto
	→	
	→	
	→	
	→	

Nombre _____

Lee el pasaje. Aplica la estrategia de hacer y responder preguntas como ayuda para comprender las partes difíciles del texto.

Nosotros, el pueblo

	La maestra Álvarez se puso de pie al lado del pizarrón, desde
12	donde tenía una perspectiva clara de sus estudiantes de cuarto grado.
23	—¿Quién me puede decir por qué las colonias estadounidenses
32	querían separarse de Inglaterra y conformar su propio país?
41	La clase estaba en silencio: algunos estudiantes hacían garabatos en
51	sus cuadernos o arrastraban los pies, pero finalmente se levantó una
62	mano. La maestra Álvarez se acomodó los anteojos.
70	—¿Sí, Teresa?
72	—Las personas querían separarse porque deseaban la libertad
80	—dijo Teresa—. Sentían que no tenían voz en el gobierno británico.
91	—¡Muy bien! —dijo la maestra Álvarez—. ¿Cómo se llama el
101	documento que declaró la libertad de las colonias?
109	Teresa era la única voluntaria.
114	—La Declaración de Independencia —dijo.
119	—Teresa, puedo decirte que obtendrás una A en este examen.
129	—dijo la maestra Álvarez muy impresionada—. Les recomiendo a los
139	demás, *sin reserva*, que estudien durante el almuerzo.
147	Diego Torres corrió para alcanzar a Teresa después de clase.
157	—¡Sí que sabes de historia! —dijo él.
164	—Es porque estoy estudiando para mi examen de naturalización y
174	he tenido que memorizar mucho sobre Estados Unidos —dijo ella.
184	—¿Tu examen *de qué*? —preguntó Diego.
190	—Es un examen para convertirme en ciudadana estadounidense
198	—replicó Teresa—. He estado estudiando con mis padres durante
207	meses. ¡Estamos muy emocionados por la posibilidad de convertirnos
216	en ciudadanos!

Nombre _____

El documento que fundó un país

Diego y Teresa se sentaron juntos durante el almuerzo e inspeccionaron una copia de la Constitución que estaba impresa en sus libros de texto. Teresa le explicó que la Constitución establece normas para el gobierno y que también explica los tres poderes, o ramas, del gobierno: el poder legislativo hace las leyes, el poder ejecutivo se asegura de que se cumplan, y el poder judicial las interpreta.

—Entre las tres ramas hay un equilibrio de poderes —dijo Teresa—. Es para que ninguna tenga poder absoluto.

Derechos para todas las personas

Todavía no entiendo por qué un manuscrito de hace cientos de años aún es tan importante —dijo Diego.

—¿Sabes las tres primeras palabras de la Constitución, Diego?

—"Nosotros, el pueblo..."

—¡Justamente! Se supone que

Para hacer una enmienda a la Constitución, las dos cámaras del Congreso o tres cuartos de los estados deben aprobar el cambio.

el gobierno de Estados Unidos habla en nombre de todas las personas de cada comunidad, pero ha habido momentos en los que el gobierno ha tenido que hacer un cambio o una adición a la Constitución. Estos cambios se llaman *enmiendas*. La Carta de Derechos está conformada por las primeras diez enmiendas hechas a la Constitución. Diego, ¿sabes qué es la Carta de Derechos?

—Creo que tiene que ver con las libertades de los estadounidenses, como las libertades de expresión y de culto —respondió Diego.

—¡Exactamente! La Carta de Derechos se asegura de que todos nosotros seamos libres.

Diego y Teresa pusieron sus bandejas sobre la barra de la cafetería.

—Buena suerte en el examen de hoy, Diego. Pienso que te va a ir fenomenal —dijo Teresa y le guiñó un ojo.

Nombre _____

A. Vuelve a leer el pasaje y responde las preguntas.

1. **¿Cuál es la causa en la siguiente oración del pasaje?**
   Las personas querían separarse porque deseaban la libertad.

   _____

   _____

2. **¿Cuál es el efecto en la siguiente oración del pasaje?**
   Las personas querían separarse porque deseaban la libertad.

   _____

   _____

3. **En los párrafos 12 a 14, ¿cuál es la causa de la situación que describe Teresa? ¿Cuál es el efecto?**

   _____

   _____

   _____

B. Trabaja con un compañero o una compañera. En voz alta, lean el pasaje durante un minuto. Presten atención a la articulación y al ritmo. Completen la tabla.

	Palabras leídas	–	Cantidad de errores	=	Puntaje: palabras correctas
Primera lectura		–		=	
Segunda lectura		–		=	

Nombre _____

Una entrevista con el representante de un estado

—Sé que sus principales responsabilidades son redactar proyectos de ley y votar para que entren en vigor. ¿Tiene usted otras responsabilidades? —le pregunté al representante.

—Como cualquier otro representante, soy miembro de dos **comités** —me respondió.

—¿Qué hace un comité? —le pregunté.

—Un comité está conformado por un grupo de miembros del Congreso. Ellos estudian un tema específico, como las fuerzas armadas o la educación, y se convierten en expertos en ese tema. Cuando se escribe un proyecto de ley relacionado con ese tema, el comité lo lee. Luego, le comunica su análisis al Congreso. Cada comité brinda un asesoramiento valioso sobre los cambios que se deben hacer a los proyectos de ley antes de aprobarlos.

Responde las preguntas sobre el texto.

1. ¿Cómo sabes que este es un texto de narrativa de no ficción?

   _____

2. ¿Qué características del texto se incluyen en este pasaje de narrativa de no ficción?

   _____

3. Escoge una característica del texto. ¿Cómo mejora tu comprensión?

   _____

   _____

4. ¿Qué opinión expresa el autor en el texto?

   _____

   _____

Nombre _____

Raíz latina	Significado
comuni	común
memor	recordar
natura	lugar de origen
scri	escribir
spec	observar

A. Lee las palabras. Encierra las raíces latinas y escribe el significado de las palabras. La información del recuadro puede servirte como ayuda.

1. comunidad _____

2. manuscrito _____

3. perspectiva _____

4. naturalización _____

5. memorizar _____

6. inspeccionar _____

B. Escribe el significado de las palabras a partir de lo que sabes de las raíces *spec* y *scri*. Usa un diccionario si es necesario.

7. espectador

_____

8. inscribir

_____

Nombre _____

A. Lee el borrador de ejemplo. Las preguntas te ayudarán a pensar en cómo escribir mejor el párrafo.

Borrador

Las escuelas tienen reglas. Los juegos tienen reglas. También hay reglas en mi hogar. Debo limpiar mi habitación una vez por semana.

---

1. ¿Cuál es el tema del borrador? ¿Cuál sería una manera más clara de plantearlo?

2. ¿Qué palabras podrías agregar para mostrar cómo se relacionan las oraciones de apoyo con la idea principal?

3. ¿Qué oraciones de apoyo podrías agregar para que el texto sea más interesante?

B. Ahora revisa el borrador y agrega detalles de apoyo para que el párrafo quede bien escrito.

_____

_____

_____

_____

_____

_____

Nombre _____

A partir de la evidencia en el texto de dos fuentes diferentes, Malia escribió el siguiente párrafo para responder la pregunta: *En tu opinión, ¿pueden los niños participar en nuestra democracia?*

> Considero que los niños pueden participar en nuestra democracia aunque no pueden votar. Según "El nacimiento de la democracia estadounidense", solo tienen derecho a votar las personas mayores de 18 años. Sin embargo, los niños pueden desempeñar un papel de otras formas, como influenciar a la Rama Legislativa para que apruebe proyectos de ley. Si los niños presionaran bastante a los miembros del gobierno para que hagan algo, ¡se lograría algún cambio! Por ejemplo, en *Mira cómo son las elecciones*, un grupo de alumnos de segundo grado propuso a la asamblea legislativa que aprobara la catarina como el insecto oficial del estado. Después de un arduo trabajo de los estudiantes, el gobernador firmó la ley y la catarina se convirtió en el insecto oficial del estado. Adicionalmente, unos estudiantes en Nueva York formaron el grupo llamado *Kids against pollution* para recoger fondos y pagar por la limpieza de los lugares de desechos tóxicos. Después de 7 años, el estado finalmente aprobó el proyecto de ley para limpiar los lugares de desechos tóxicos. Por eso opino que los niños sí pueden participar en nuestra democracia.

Vuelve a leer el pasaje y sigue las instrucciones.

1. **Subraya** la evidencia del texto que indica por qué los niños no pueden votar.

2. **Encierra en un círculo** un ejemplo de una palabra de transición que conecta información de apoyo con la opinión de Malia.

3. **Encierra en un cuadrado** la parte del texto que resume la opinión de Malia.

4. **Escribe** el condicional de un verbo regular que Malia haya utilizado en su escrito.

Nombre _____

| abrumador | campaña | gobernador | pretender |
| acompañar | cansado | opositor | tolerar |

Con ayuda de las claves de contexto de cada oración, decide cuál es la palabra de vocabulario más apropiada en cada caso.

No hay elecciones cada año, así que votar es muy importante para mi papá. Cuando

comienza la _____ para decidir quién será el _____

de nuestro estado, mi papá participa activamente. Por lo general tiene un favorito, pero

siempre aprende sobre el _____ y así tiene toda la información para

tomar una buena decisión.

La cantidad de correo electoral que recibimos es _____, pero mi

papá lo revisa todo cuidadosamente. Él no _____ que le digamos que

estamos _____ de todos los noticieros que ve. Él insiste en saber tanto

como sea posible.

Cada día de elecciones, _____ ir juntos para que él vote cuando

sale del trabajo. Pero cada vez que regresa a casa ya ha votado. Le gusta que el

pequeño adhesivo que dice "Yo voté" lo _____ todo el día. Dice que

ha cumplido con su deber como ciudadano estadounidense, y eso lo hace feliz.

Nombre _____

Lee la selección y completa el organizador gráfico de punto de vista.

Detalles

$$\downarrow$$

Punto de vista

Nombre _____

Lee el pasaje. Aplica la estrategia de hacer predicciones para imaginar lo que sucederá en el texto.

Las ovejas en el bosque

	Nuestro rebaño de ovejas fue dominado por un pastor cruel durante
11	años. Pero ya no pudimos soportarlo más. Comenzamos a permanecer
21	despiertas cada noche cuando el pastor se iba a dormir. Luego,
32	planeábamos nuestro escape. Finalmente, llegó el momento de hacer
41	nuestra jugada. Tarde, una noche, salimos silenciosamente del potrero
50	mientras el pastor y sus perros dormían. "¡Al fin somos libres!", pensé
62	mientras nos adentrábamos en el bosque oscuro.
69	La vida era dura cuando vivíamos con el pastor, pero entendí que
81	era aún más difícil cuando estábamos por nuestra cuenta. El problema
92	empezó cuando necesitamos encontrar un lugar para pastar. Nuestro
101	grupo llegó a una bifurcación en el camino.
109	—Hay un potrero amplio y verde en esa dirección —dijo una
120	vieja oveja gris mientras señalaba el camino que conducía montaña
130	abajo—. Recuerdo que el pastor nos llevó a pastar allí una vez. Había
143	suficiente para alimentarnos a todas.
148	—¡No podemos ir allí! —dijo una joven oveja marrón—. Si el
159	pastor te llevó a pastar en ese potrero, él sabe dónde está. Además,
172	está completamente rodeado por bosque. Nunca veríamos al pastor si
182	tratara de acercarse sigilosamente —y señaló el camino que conducía
192	montaña arriba—. Hay menos árboles en la montaña y allí debe de
204	haber un potrero. Si el pastor viene a buscarnos, lo veremos antes de
217	que él nos vea.

Nombre _____

Cada una de las ovejas se puso del lado de la oveja gris o del de la oveja marrón. El rebaño discutió durante horas, pero aún no lográbamos decidir dónde pastar. Finalmente, estábamos tan cansadas de reñir que nos quedamos dormidas.

Justo antes de quedarme dormida, tuve una idea. ¡Podríamos escoger a una oveja para que fuera nuestro líder! Esta oveja podría escuchar las ideas de las demás y decidir qué hacer. De esta manera, no tendríamos que pasar todo el tiempo enfrentándonos. Les contaría mi idea a las otras ovejas en la mañana.

Cuando desperté, las demás ya habían retomado la discusión sobre dónde pastar en donde la habíamos dejado. Entonces, grité:

—¡Silencio, todas!

Todo el rebañó quedó en silencio y me miró.

—No podemos reñir cada vez que debemos tomar una decisión —comencé—. Necesitamos escoger a alguien en quien confiemos para que nos dirija. Esta oveja escuchará nuestras ideas y tomará las decisiones más importantes por nosotras. Es posible que no nos gusten todas las decisiones que tome nuestro líder, pero al menos nuestras voces serán escuchadas. Y si escogemos a un líder nuevo cada mes, las ovejas que sientan que no están siendo escuchadas tendrán otra oportunidad de compartir sus ideas.

Al rebaño le gustó mi idea, así que nos dispusimos a escoger un líder. Las ovejas votarían poniendo una hoja marrón en una pila si querían que la oveja joven fuera la líder, una hoja verde si querían que lo hiciera la vieja oveja gris y una hoja roja si me querían a mí. Todas las ovejas votaron. Cuando contamos las hojas, ¡yo había obtenido la mayoría de los votos!

Nombre _____

A. Vuelve a leer el pasaje y responde las preguntas.

1. ¿Qué tipo de narrador cuenta el relato? ¿Cómo lo sabes?

_____

_____

_____

2. ¿El narrador forma parte del relato? ¿Qué se sabe del narrador en el primer párrafo?

_____

_____

3. ¿Qué piensa el narrador sobre el liderazgo? Cita evidencias del texto.

_____

_____

_____

B. Trabaja con un compañero o una compañera. En voz alta, lean el pasaje durante un minuto. Presten atención a la articulación y la expresión. Completen la tabla.

	Palabras leídas	–	Cantidad de errores	=	Puntaje: palabras correctas
Primera lectura		–		=	
Segunda lectura		–		=	

Nombre _____

La primera misión del *Aurora*

La construcción del *Aurora* finalizó en 2412. Con más de una milla de largo, era diferente de cualquier otra nave espacial jamás construida. La avanzada computadora de la nave controlaba los miles de millones de instrumentos a bordo. Pero la nave necesitaba un capitán. Había dos candidatos. El doctor Yanic había diseñado la computadora de la nave y conocía cómo funcionaba y cómo repararla. El otro candidato, el almirante Clark, había estado en la Fuerza Naval Galáctica y sabía cómo dirigir una nave.

Responde las preguntas sobre el texto.

1. ¿Cómo sabes que este es un texto de fantasía?

_____

2. ¿Qué parte del texto no puede ocurrir en la vida real?

_____

_____

3. ¿Qué característica del texto se incluye?

_____

4. ¿Qué relación hay entre la imagen y el género del pasaje?

_____

_____

Nombre _____

Lee los pasajes. Subraya las palabras que te ayudan a descifrar el significado de los modismos en negrillas. Luego, escribe el significado de estos en el espacio dado.

1. Finalmente, llegó el momento de **hacer nuestra jugada**. Tarde, una noche, nuestro rebaño salió silenciosamente del potrero mientras el pastor y sus perros dormían.

_____

_____

2. La vida era dura cuando vivíamos con el pastor pero entendí que era aún más difícil cuando estábamos **por nuestra cuenta**.

_____

_____

3. Cada una de las ovejas **se puso del lado de** la oveja gris vieja o del de la oveja marrón joven. El rebaño discutió durante horas, pero aún no podíamos decidir dónde pastar.

_____

_____

Nombre _____

A. Lee el borrador de ejemplo. Las preguntas te ayudarán a pensar en cómo agregar diálogos para desarrollar el personaje.

Borrador

Hoy di un discurso en el mitin. Hablé de algunos cambios que pienso hacer como alcalde. Hablé de mejorar nuestros parques.

---

1. ¿En dónde se podrían agregar diálogos para darle vida al narrador?

2. ¿Qué diálogos se podrían agregar para revelar exactamente lo que está pensando el narrador?

3. ¿Qué otros detalles sobre los planes del narrador se podrían revelar mediante diálogos?

B. Ahora revisa el borrador e incluye diálogos que ayuden a desarrollar el personaje principal del relato.

_____

_____

_____

_____

_____

_____

_____

Nombre _____

A partir de la evidencia en el texto de dos fuentes diferentes, Ricky siguió la instrucción: *Escribe un email de Ike LaRue al senador de La Florida Anthony C. Hill. Explica por qué Ike quiere que el senador reduzca el tamaño de los grupos en las escuelas de adiestramiento para perros.*

Respetado senador Hill:

Le agradezco por pasar la propuesta para reducir el tamaño de los grupos de clase para los estudiantes de Florida. Sin embargo, hay muchos perros que también han asistido a clases de grupos grandes. ¡Necesitamos de su ayuda! Los perros no podrán votar, pero sus dueños sí (¡Mi dueña, la Sra. LaRue, le encanta votar, ¡casi tanto como me ama a mí!).

Necesitamos que nos ayude a aprobar el siguiente proyecto de ley: *Ninguna escuela de adiestramiento podrá tener más de cuatro perros en una clase.* Nadie puede aprender a proteger a los humanos de criminales peligrosos o a rescatar viajeros congelados, si están hacinados en una clase con demasiados caninos ladrando y jadeando.

No todos los perros son aptos para tan noble trabajo. Algunos necesitan un poco de adiestramiento para no correr tras la bola en un partido de béisbol o tras las salchichas de una carnicería. A todos les sirve algo de entrenamiento, ¡pero aprenderán más cuando reciban instrucción en grupos pequeños!

Firmado,

Ike LaRue

Vuelve a leer el pasaje y sigue las instrucciones.

1. **Encierra en un círculo** la oración en la que se explica por qué Ike le escribió al senador Hill.

2. **Encierra en un cuadrado** la parte en la que Ricky describe cuál sería el comportamiento de Ike si no recibiera un poco de adiestramiento.

3. **Subraya** la parte en la que se cuenta lo que el senador Hill hizo por los estudiantes de Florida.

4. **Escribe** el verbo auxiliar *haber* que Ricky utilizó en su escrito.

_____

Nombre _____

| aventurero | desconocido | exitoso | precursor |
| boceto | excéntrico | ingeniería | tecnología |

Responde las preguntas con las palabras de vocabulario. Luego, escribe una oración con cada palabra.

1. ¿Cómo se llama el bosquejo que haces de un dibujo?

   _____

2. ¿Cuál es el sinónimo de *antecesor*? _____

   _____

3. ¿Qué palabra define a alguien que logra sus metas? _____

   _____

4. ¿Cómo llamarías a una persona que busca aventuras? _____

   _____

5. ¿Cómo se define el uso de la ciencia para propósitos prácticos? _____

   _____

6. ¿Conoces otra palabra para *extraño*?

   _____

7. ¿Con qué otra palabra puedes denominar a una persona *extravagante*?

   _____

8. ¿En qué profesión se estudian y aplican diversas ramas de la tecnología?

   _____

Nombre _____

Lee la selección y completa el organizador gráfico de punto de vista.

Detalles

↓

Punto de vista

Nombre _____

Lee el pasaje. Aplica la estrategia de hacer predicciones para imaginar lo que sucederá.

Una máquina viajera

	La otra noche, mis papás y yo estábamos viendo un entretenido
11	programa de inventos. De pronto, pasó algo que me cambió la vida.
23	El presentador del programa entrevistó a un científico que había
33	inventado un teletransportador, es decir, queridos amigos, un aparato
42	que nos permite aparecer instantáneamente en el lugar que queramos.
52	—¿Es cierto lo que acaban de pasar por la tele? ¡Un teletransportador!
64	¡Esto es increíble! ¡Es maravilloso! —grité de alegría—. ¿Podemos
73	comprar uno? Yo tengo algunas monedas en mi alcancía y...
83	—Calma, Fernando, ¿qué harás con él? —preguntó papá.
91	—Mmm, pues no sé exactamente... podríamos... podríamos ver
99	algunas de las competencias deportivas de los Juegos Olímpicos.
108	Además, quiero empezar a practicar algún deporte y sería una buena
119	oportunidad para decidirme por uno —respondí.
125	Mamá le dijo algo a papá. Ambos me miraron y mamá dijo:
137	—Vale, rompe tu alcancía. Te daremos el dinero que hace falta.
148	A muchas cuadras a la redonda se debió escuchar mi grito de alegría.
161	Rompimos la alcancía y contamos el dinero. Al día siguiente, llamamos
172	al científico, quien nos envió el aparato por correo. Cuando llegó el
184	artefacto, lo destapamos y leímos las instrucciones. Seguimos todas las
194	indicaciones y pudimos acomodar las piezas rápidamente, ¡qué emoción!
203	—¡Prepárense para el viaje! Por cierto, ¿adónde vamos a ir?
213	—preguntó mamá.
215	—Déjenme pensar... ¡Ya sé!, vamos a ver nado sincronizado
224	—respondí rápidamente.
226	—¡De acuerdo! ¡Ajusten sus cinturones! —dijo papá mientras movía
235	unas palancas. Todo fue repentino. En menos de un segundo estábamos
246	observando una competencia de nado sincronizado. Las nadadoras parecían
255	bailarinas espaciales que flotaban al compás de la música.

Nombre _____

Cuando se acabó la competencia de nado sincronizado, papá dijo:

—Me gustaría mucho ver una competición de esgrima. Martha, ¿recuerdas que yo practicaba en la universidad?

Nos dirigimos hacia allá; dos mujeres estaban compitiendo. Mamá me contó que este es un deporte de combate y que exige un alto grado de concentración. También me dijo que papá había sido un buen esgrimista, pero que, por una lesión en su brazo, tuvo que dejar de practicar. ¡Qué triste!

—¡Papá, parece que va a ganar la representante de Ucrania! —dije muy emocionado.

La deportista recibió un aplauso que duró varios minutos. Después de la ovación, abrazó a su entrenador; los dos se veían felices y satisfechos.

Luego, nos teletransportamos a la competencia de atletismo masculino. En esta ocasión, el aparato nos llevó muy cerca de la pista. ¡No lo podía creer! Allí estaba el famosísimo atleta jamaiquino que ha superado todas las marcas mundiales. Como aún no había empezado la competencia, me acerqué y le dije:

—Señor, quiero ser un excelente deportista como usted. ¿Puede darme su secreto, por favor?

Él se rió a carcajadas y me respondió:

—Recuerda esta palabra: constancia. Desde que tenía ocho años, empecé a entrenar todos los días sin falta. Si tienes tesón, triunfarás.

Así que, queridos amigos, esta es la razón por la que ahora practico atletismo. Me ejercito todos los días y en mi cabeza no deja de dar vueltas la palabra constancia.

Nombre _____

A. Vuelve a leer el pasaje y responde las preguntas.

1. ¿Qué pronombres aparecen en el primer párrafo del pasaje? ¿A qué personajes se refieren?

   _____

2. ¿Qué tipo de narrador tiene este relato? ¿El narrador forma parte del relato?

   _____

3. En el párrafo 12, ¿cómo reacciona Fernando al conocer la historia de su papá?

   _____

   _____

4. ¿Cuál es el punto de vista del narrador acerca de la máquina teletransportadora? Cita evidencias del texto.

   _____

   _____

   _____

B. Trabaja con un compañero o una compañera. En voz alta, lean el pasaje durante un minuto. Presten atención a la expresión. Completen la tabla.

	Palabras leídas	–	Cantidad de errores	=	Puntaje: palabras correctas
Primera lectura		–		=	
Segunda lectura		–		=	

Nombre _____

Una extraña casualidad

El genio llegó al amanecer y me dijo que podía pedir un deseo.

—Deseo... explorar las profundidades del océano —le dije.

—¡Qué cosa pides, muchacho!, te concedo el deseo, pero prométeme que, cuando vuelvas, me contarás tu aventura.

En un abrir y cerrar de ojos, me encontré en las profundidades del mar. Estaba lleno de peces multicolores y de algas que se movían al vaivén de las corrientes. Vi algo que brillaba en aquellas profundidades y me acerqué.

Cuando regresé a casa, el genio estaba esperándome.

—¿Qué trajiste de las profundidades marinas? —preguntó mientras señalaba el objeto brillante que tenía en mis manos.

—Es mi juguete favorito. Se me perdió hace unos meses mientras estaba de paseo en la playa. Cuando mi abuela me lo regaló, me dijo que cerrara los ojos y pidiera un deseo: yo pedí recuperar pronto mi juguete si algún día llegaba a perderlo. Y, ¡aquí está!

Responde las preguntas sobre el texto.

1. **¿Cómo sabes que este es un texto de fantasía?**

   _____

2. **¿Puedes identificar un suceso irreal en el relato?**

   _____

   _____

3. **¿Qué elemento literario se incluye en el relato?**

   _____

4. **¿De qué manera el elemento literario te ayuda a comprender el relato?**

   _____

Nombre _____

Lee los pasajes. Subraya el sinónimo que te ayuda a comprender el significado de las palabras en negrillas. Luego, escribe el significado de cada una.

1. ¡Un teletransportador! ¡Esto es **increíble**! ¡Es maravilloso!

   _____

2. Llamamos al científico, quien nos envió el aparato por correo. Cuando llegó el **artefacto,** lo destapamos.

   _____

3. Cuando se acabó la competencia de nado sincronizado, papá dijo: —Me gustaría mucho ver una **competición** de esgrima.

   _____

4. Recuerda esta palabra: **constancia**. Desde que tenía 8 años empecé a entrenar todos los días sin falta. Si tienes tesón triunfarás.

   _____

5. Leímos las **instrucciones**. Seguimos todas las indicaciones y pudimos acomodar las piezas rápidamente.

   _____

6. Recibió un aplauso que duró varios minutos. Después de la **ovación**, abrazó a su entrenador.

   _____

Nombre _____

A. Lee el borrador de ejemplo. Las preguntas te ayudarán a pensar en detalles del ambiente que puedes agregar para desarrollar la trama.

Borrador

En el camino que lleva a casa, me encontré una bolsa llena de oro. Una mariposa se acercó y me dijo que era suya. Le entregué la bolsa. A cambio me regaló un caballo que me llevó a casa.

---

1. ¿Qué detalles podrías agregar para mostrar cuándo y en qué lugar ocurrió el relato?

2. ¿Cómo puedes describir mejor la bolsa de oro?

3. ¿Qué detalles podrías incluir para describir la casa?

4. ¿Cómo puedes fortalecer los detalles del ambiente para desarrollar la trama del relato?

B. Ahora revisa el borrador y agrega detalles del ambiente para desarrollar la trama del relato.

_____

_____

_____

_____

_____

_____

_____

_____

Nombre _____

Patrice escribió los siguientes párrafos e incluyó evidencia del texto de dos fuentes diferentes para responder la pregunta: *¿Cuál fue el gran logro del Capitán Arsenio y cuál el de los científicos que trabajaron en el programa espacial?*

En *El diario del Capitán Arsenio,* el gran logro del Capitán fue persistir en su afán de volar, a pesar de los fracasos. Puede que nunca construyera la máquina que imitara el vuelo de las aves, pero en cada intento se acercaba un poquito más al cielo. Su primer proyecto, el motocanario fracasó porque las aves encargadas de levantar el mecanismo desconocían el significado de la palabra *obediencia*. La cinta voladora tampoco tuvo éxito: el aparato empezó a desbaratarse apenas se elevó. En el sacacorchóptero, el ascenso del Capitán fue considerable, lo mismo que su descenso. Después de estas y otras desventuras es un logro que este hombre haya persistido en su anhelo de volar.

En "3... 2... 1... ¡Resultados indirectos!", los científicos alcanzaron dos grandes logros: el primero, la tecnología adelantada para el programa espacial fue un éxito y el segundo, esta tecnología condujo al desarrollo de productos de uso diario, como zapatillas de atletismo livianas, aparatos inalámbricos y alimentos secos. Los techos que cubren los estadios y las pantallas de plasma también hacen parte de estos resultados indirectos. Viéndolo así, esta es una manera de tener la tecnología espacial en casa.

Vuelve a leer el pasaje y sigue las instrucciones.

1. **Subraya** la oración que contenga detalles descriptivos acerca de un invento del Capitán Arsenio.

2. **Encierra en un círculo** las palabras concretas que definan el resultado de los proyectos de los científicos que trabajaron en el proyecto espacial.

3. **Encierra en un cuadrado** los detalles que permiten entender la trama del texto sobre el Capitán Arsenio.

4. **Escribe** una frase en la que Patrice haya incluido formas no personales de un verbo.

_____

Nombre _____

astrónomo	específico	franja	serie
creciente	fase	rotar	telescopio

Completa las oraciones con las palabras de vocabulario.

1. **(fase)** El gran edificio de apartamentos de al lado _____

   _____ .

2. **(astrónomo)** Ya que a ella le gusta estudiar los planetas y las estrellas, ____

   _____ .

3. **(serie)** Había una _____

   _____ .

4. **(rotar)** Me gusta cuando el jugador de baloncesto hace _____

   _____ .

5. **(específico)** Llegamos a su casa _____

   _____ .

6. **(telescopio)** Anoche descubrí una estrella nueva _____

   _____ .

7. **(franja)** La bandera de Estados Unidos está formada por _____

   _____ .

8. **(creciente)** Miramos el cielo nocturno _____

   _____ .

Nombre _____

Lee la selección y completa el organizador gráfico de causa y efecto.

Causa	➡	Efecto
	➡	
	➡	
	➡	
	➡	

Nombre _____

Lee el pasaje. Aplica la estrategia de hacer y responder preguntas como ayuda para comprender la información nueva del texto.

Estrellas: luces en el cielo nocturno

12	Hace mucho tiempo, la gente pensaba que las estrellas eran luces que estaban sujetas a una gran bóveda sobre la Tierra. Creían que la bóveda
25	rotaba alrededor de la Tierra y que por eso las estrellas se desplazaban a
39	través del cielo durante la noche. Ahora sabemos que esto no es verdad.
52	En realidad, las estrellas son enormes esferas de plasma incandescente,
62	o átomos ionizados. Algunas estrellas parecen puntos pequeños. La
71	mayoría están tan lejos que no pueden verse a simple vista.

82	**¿Qué es una estrella?**
86	Las estrellas se componen de una mezcla de plasmas, como el
97	hidrógeno. Como podrás imaginar, el núcleo de una estrella es
107	extremadamente caliente. Cuando un exceso de presión contrae el
116	centro caliente de la estrella, el hidrógeno se transforma en helio.
127	Durante este proceso, se produce una gran cantidad de energía. Como
138	resultado, la estrella emite una luz brillante en el espacio.
148	Cuando miras las estrellas, es posible que pienses que la mayoría
159	de ellas despiden una luz blanca. Mira de nuevo. Generalmente, las
170	estrellas tienen un espectro de color. Esta gama de colores va del rojo
183	al amarillo y luego al azul. Pero, ¿qué significan estos colores? En
195	realidad, las estrellas azules son mucho más calientes. Si comparas las
206	estrellas Betelgeuse y Rigel, verás que Betelgeuse es rojiza y que Rigel
218	es azulosa. La temperatura del núcleo de Rigel es más alta.

Nombre _____

El Sol

El Sol es una estrella que está en el centro de nuestro sistema solar. Se ve más grande que otras estrellas. Eso es porque está más cerca de la Tierra. En realidad, el Sol es una estrella común de mediana edad. Si comparas el tamaño real del Sol con el de otras estrellas, te darás cuenta de que es bastante normal. Pero el Sol hace un gran trabajo para una estrella de su tamaño. Suministra a la Tierra la mayor parte de la energía que necesita para mantener la vida. Sin el Sol, ¡la Tierra sería solo una roca estéril que flota en el espacio! La vida en nuestro planeta, tal como la conocemos ahora, no podría existir.

Apagón de luces

Las estrellas no duran para siempre. Después de miles de millones de años, una estrella consumirá todo su hidrógeno. Una estrella pequeña simplemente deja de brillar. Esto le ocurrirá al Sol algún día. Claro que esto no sucederá sino hasta dentro de miles de millones de años.

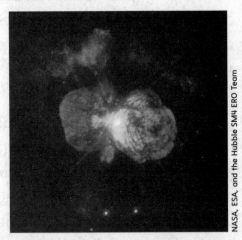

NASA, ESA, and the Hubble SM4 ERO Team

Después de que una estrella se vuelve supernova, puede convertirse en un agujero negro.

Sin embargo, una estrella grande termina con una gran explosión. Cuando a una estrella le ocurre esto, recibe el nombre de supernova. Tras la explosión, toda la materia de la estrella se comprime y deja de brillar. Las estrellas especialmente grandes se convertirán en objetos llamados agujeros negros. En ellos, la materia comprimida se vuelve tan densa que desarrolla una atracción gravitacional lo suficientemente fuerte para evitar que la luz escape. Aún no sabemos lo que ocurre dentro de un agujero negro.

El Sol y otras estrellas han fascinado a los astrónomos durante siglos. Las estrellas iluminan el cielo durante la noche y hacen posible la vida en la Tierra. Pero tienen vida propia. La próxima vez que estés afuera en una noche despejada, mira las estrellas. ¿Cuál crees que será la próxima supernova?

Nombre _____

A. Vuelve a leer el pasaje y responde las preguntas.

1. **Vuelve a leer el párrafo 2. ¿Cuál es la causa de que se produzca una gran cantidad de energía en el núcleo de una estrella?**

   _____

   _____

2. **¿Qué efecto tiene esto sobre una estrella?**

   _____

3. **Bajo el subtítulo "Apagón de luces", ¿cuál es un ejemplo de causa y efecto? Sustenta tu respuesta con evidencias del texto.**

   _____

   _____

   _____

   _____

B. Trabaja con un compañero o una compañera. En voz alta, lean el pasaje durante un minuto. Presten atención a la precisión. Completen la tabla.

	Palabras leídas	–	Cantidad de errores	=	Puntaje: palabras correctas
Primera lectura		–		=	
Segunda lectura		–		=	

Nombre _____

¿Cómo funciona un arcoíris?

¿Alguna vez has usado un prisma? Las gotas de agua que están en el aire pueden funcionar como prismas. Primero, la luz atraviesa una gota de lluvia. Luego, todos los colores que componen la luz blanca se separan. Algunos de los colores se **reflejan** o rebotan, desde el otro lado de la gota de lluvia. Los colores se extienden en ángulos diferentes, de manera que solo un color proveniente de cada gota llega a tus ojos. La luz atraviesa muchas gotas al mismo tiempo, esto te permite ver todos los colores del arcoíris.

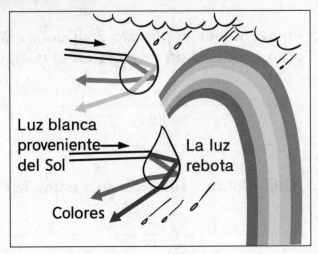

Luz blanca proveniente del Sol

La luz rebota

Colores

Responde las preguntas sobre el texto.

1. ¿Cómo sabes que este es un texto expositivo?

_____

2. ¿Qué características del texto se incluyen en este texto expositivo?

_____

3. ¿De qué manera el diagrama te ayuda a entender el texto?

_____

_____

4. ¿Qué característica del texto te ayuda a entender mejor el pasaje?

_____

_____

Nombre _____

Lee los pasajes. Subraya las claves de contexto que te ayuden a comprender el significado de las palabras en negrillas. Luego, escribe la definición de cada palabra.

1. Las estrellas se componen de una mezcla de plasmas, como el hidrógeno. Como podrás imaginar, el **núcleo** de una estrella es extremadamente caliente. Cuando un exceso de presión contrae el centro caliente de la estrella, el hidrógeno se transforma en helio.

   _____

2. Cuando miras las estrellas, es posible que pienses que la mayoría de ellas despiden una luz blanca. Mira de nuevo. Generalmente, las estrellas se encuentran en un **espectro** de color. Esta gama de colores va del rojo al amarillo y luego al azul.

   _____

3. El Sol hace un gran trabajo para una estrella de su tamaño. Suministra a la Tierra la mayor parte de la energía que necesita para mantener la vida. Sin el Sol, ¡la Tierra sería solo una roca **estéril** que flota en el espacio! La vida en la Tierra, tal como la conocemos ahora, no podría existir.

   _____

4. Una estrella grande termina en una gran explosión. Cuando a una estrella le ocurre esto, recibe el nombre de **supernova**. Tras la explosión, toda la materia de la estrella se comprime y deja de brillar.

   _____

5. En ellos, la materia comprimida se vuelve tan densa que desarrolla una atracción **gravitacional** lo suficientemente fuerte para evitar que la luz escape.

   _____

Nombre _____

A. Lee el borrador de ejemplo. Las preguntas te ayudarán a pensar en lenguaje figurado que puedes agregar para ayudar al lector a visualizar mejor el texto.

Borrador

El cielo nocturno está oscuro. Las estrellas titilan en el cielo. A veces, las nubes cubren el cielo. Las estrellas se reflejan en ríos y lagos.

---

1. ¿Qué lenguaje figurado se puede agregar para describir el cielo nocturno?

2. ¿Qué lenguaje figurado se puede usar para describir las nubes?

3. ¿Qué otro lenguaje figurado puede ayudar a los lectores a visualizar la escena?

B. Ahora revisa el borrador y agrega lenguaje figurado para ayudar a los lectores a visualizar el cielo nocturno.

_____

_____

_____

_____

_____

_____

Nombre _____

Jason utilizó evidencia del texto de dos fuentes diferentes para seguir la instrucción: *Compara cómo describen la luz del día en Por qué la Luna cambia de forma y en "Cómo surgieron".*

¿*Por qué la luna cambia de forma?* es un texto informativo. En "Cómo surgieron" se incluye dos mitos. Las dos fuentes explican la luz del día de dos maneras muy diferentes.

En ¿*Por qué la luna cambia de forma?*, el autor presenta hechos reales. La Tierra orbita o gira alrededor del Sol. Nuestro planeta también rota, o gira como un trompo, a la vez que orbita. La luz del día ocurre cuando parte de la Tierra da al Sol y recibe su luz.

El mito griego "Por qué el Sol viaja a través del cielo" fue escrito hace mucho tiempo. Las personas no tenían las herramientas para estudiar el cielo, así que crearon mitos para explicar fenómenos naturales. En este mito, Helios, un dios, ha sido el causante del día y la noche. El mito describe "rayos de luz brillante" brotando de la corona de Helios mientras conducía un "carruaje brillante" arrastrado por cuatro corceles. Helios y su carruaje eran tan brillantes y calientes como el Sol mientras atravesaban el cielo.

Una fuente presenta hechos reales, la otra narra un buen relato.

Vuelve a leer el pasaje y sigue las instrucciones.

1. **Subraya** un hecho real que explica por qué tenemos la luz del día.

2. **Encierra en un cuadrado** dos de las palabras que Jason utiliza para describir el movimiento de la Tierra.

3. **Encierra en un círculo** los símiles que utiliza Jason.

4. **Escribe** un ejemplo de tiempo compuesto con el verbo auxiliar *haber* que aparece en el texto.

_____

Nombre _____

| gloria | jolgorio | pasear | triunfal |

Responde las preguntas con las palabras de vocabulario.

1. ¿En qué momento de tu vida has hecho una salida **triunfal**? _____

_____

2. ¿Por qué las personas sacan a **pasear** su perro todos los días?

_____

_____

3. ¿Qué momento de **gloria** de tu equipo favorito recuerdas? _____

_____

_____

4. ¿Cuándo se puede hacer un **jolgorio**? _____

_____

Nombre _____

Lee la selección y completa el organizador gráfico de tema.

Detalle

↓

Detalle

↓

Detalle

↓

Tema

Nombre _____

Lee el poema y trata de identificar el mensaje que quiere dar el autor.

El gallo vuelve a cantar

	Al gallo más gallo de todo el corral
8	las plumas le duelen y no quiere cantar.
16	Su cresta de fuego duerme apagada,
22	su pico de soles la lluvia lo aplaca.
30	En un rincón del granero su llanto es silencio,
39	como nube de plomo su tristeza es incendio.
47	Gallo de gallos que teje el alba,
54	siembra en el cielo un puñado de vientos.
62	Canta en la noche que el sol no tarda.
71	Canta en el sueño y abraza el alma.
79	Pronto tu canto vencerá el sufrimiento,
85	contendrá la angustia y vendrá la calma.

Nombre _____

A. Vuelve a leer el poema y responde las preguntas.

1. ¿De qué trata este poema?

_____

_____

_____

2. ¿Cuál es el tema de este poema?

_____

_____

_____

3. ¿Cuál es la parte clave para interpretar el mensaje del poema? ¿Por qué?

_____

_____

_____

B. Trabaja con un compañero o una compañera. En voz alta, lean el pasaje durante un minuto. Presten atención al ritmo. Completen la tabla.

	Palabras leídas	–	Cantidad de errores	=	Puntaje: palabras correctas
Primera lectura		–		=	
Segunda lectura		–		=	

Nombre _____

Mi perro Claudio

Claudio es un perro valiente
no le da miedo mostrar los dientes.
Ladra con la fuerza del rayo
corre dando grandes saltos.

Esta mañana, a mis amigos les movió la cola,
y ayer por la noche le aulló a la luna.

Es muy valiente mi perro Claudio
cuida mi casa como si fuera un lobo,
pero es un glotón mi perro Claudio.

Responde las preguntas sobre el texto.

1. **¿Qué hace que este sea un poema narrativo?**

_____

2. **Resume brevemente lo que sucede en el texto.**

_____

_____

3. **¿Qué palabras se repiten en el texto?**

_____

4. **¿Por qué crees que el autor repite estas palabras?**

_____

Nombre _____

> Una **estrofa** se constituye de dos o más versos que forman una unidad del poema. Es posible que las estrofas tengan la misma extensión y un esquema de rima, o que varíen en extensión y no rimen.
>
> La **repetición** es el uso repetitivo de una palabra o frase en un poema. Los autores usan repeticiones para dar ritmo y hacer énfasis.

Lee los versos del poema narrativo "El gallo vuelve a cantar". Luego, responde las preguntas.

Gallo de gallos que teje el alba,   *Canta en la noche que el sol no tarda.*
siembra en el cielo un puñado de vientos.   *Canta en el sueño y abraza el alma.*

1. **¿Hay estrofas en esta parte del poema? Si es así, ¿cuántas hay y de cuántos versos constan?**

    _____

2. **¿Qué palabras se repiten en el poema? ¿Cómo afectan el texto?**

    _____

    _____

    _____

3. **Escribe otra estrofa para este poema que tenga la misma estructura y en la que haya repetición.**

    _____

    _____

    _____

Nombre _____

Lee los versos. Las palabras en negrillas tienen una connotación en el poema que usualmente es una denotación. Explica la connotación en el espacio dado.

1. Su cresta de fuego duerme apagada, su pico de soles la **lluvia** lo aplaca.

_____

_____

2. En un rincón del granero su llanto es silencio, como nube de **plomo** su tristeza es incendio.

_____

_____

3. Gallo de gallos que **teje** el alba, siembra en el cielo un puñado de vientos.

_____

_____

Nombre _____

A. Lee el borrador de ejemplo. Las preguntas te ayudarán a pensar en detalles sensoriales que puedes agregar.

Borrador

Estaba nervioso.

Esperaba oír los resultados de las elecciones.

El altavoz se encendió.

Estaba emocionado cuando oí al director pronunciar mi nombre.

---

1. ¿Qué detalles sensoriales describirían mejor el nerviosismo del personaje en el primer verso?

2. ¿Qué detalles sensoriales mostrarían más claramente de qué manera el personaje "esperaba" oír los resultados de las elecciones?

3. ¿Cómo suena el altavoz según el personaje?

4. ¿Qué detalles sensoriales describirían mejor la emoción que siente el personaje en el último verso?

B. Ahora revisa el borrador y agrega detalles sensoriales para que el lector perciba los sentimientos del personaje.

_____

_____

_____

_____

_____

_____

Nombre _____

Alex escribió el siguiente poema e incluyó evidencia del texto de dos fuentes diferentes para seguir la instrucción: *Escribe un poema narrativo sobre el mayor logro que hayas alcanzado. No olvides incluir lenguaje sensorial.*

¡Miauuu! ¡Miauuuu! Pude escuchar a lo lejos,
y, como soy tan curioso, me acerqué a pocos metros.
Una camada de gatos, solos y muy hambrientos
encontré detrás del tronco de un arbusto de abeto.

¡Miauuu! ¡Miauuuu! Maullaban sin ton ni son
mientras los llevaba a casa para que entraran en calor.
Mi hermana menor que es música se tapaba los oídos
y mis papás preocupados alimentaban a los mininos.

Han pasado ya dos años desde aquel dichoso día.
Mis dos gatos han crecido y acompañan nuestra familia.
Unos dirán que es un logro ganar miles de millones,
para mí fue haber salvado la vida de estos gritones.

Vuelve a leer el pasaje y sigue las instrucciones.

1. **Subraya** un ejemplo de lenguaje sensorial en la primera estrofa.

2. **Encierra en un crículo** las palabras que, al repetirse, pongan énfasis en lo que hacen los gatitos.

3. **Encierra en un cuadrado** cuál es, según Alex, su mejor logro.

4. **Escribe** una frase en la que Alex haya utilizado un verbo copulativo en presente.

_____

Nombre_____

ahorrar	delicadeza	interrumpir	soberano
carcajada	emoción	paciencia	trono

Completa las oraciones con las palabras de vocabulario.

1. (ahorrar) Si quiero darle un regalo a mi mamá, _____

_____

2. (carcajada) Cuando terminé de contar el chiste, _____

_____

3. (delicadeza) Las flores _____

_____

4. (emoción) Ver una película triste _____

_____

5. (interrumpir) En una conversación _____

_____

6. (paciencia) Alcanzar nuestras metas _____

_____

7. (soberano) Un rey es _____

_____

8. (trono) El asiento de un rey en un palacio _____

_____

Nombre_____

Lee la selección y completa el organizador gráfico de problema y solución.

Personaje

Ambiente

Problema

Sucesos

Solución

Nombre_____

Lee el pasaje. Aplica la estrategia de visualizar como ayuda para comprender el texto.

La aventura del libro

14	Llegada la noche, Samara se sentó en la cama y tomó su libro para empezar a leer. Al verla tan interesada en la lectura, su hermanito Tomás
27	se acercó y le preguntó:
32	—¿Puedo leer contigo? Estoy aburrido y no quiero dormir todavía.
42	—Claro que sí —dijo Samara—. Ven y siéntate a mi lado.
53	Abrieron la primera página y de inmediato sintieron la brisa proveniente
64	de un valle verde como una esmeralda. Notaron que no estaban lejos de
77	su casa, pero muchas cosas del paisaje habían cambiado. A medida que
89	continuaban con la lectura, el paisaje se modificaba con el poder de las
102	palabras, como cuando las manos crean dibujos.
109	Solo tenían ganas de caminar bajo el sol de oro. Tomás vio un panal de
124	abejas y corrió hacia él con curiosidad. Samara se detuvo y miró fijamente
137	a las abejas en su trabajo. Imaginó ser una de ellas y pensó en lo difícil
153	que sería buscar la salida dentro de aquel laberinto. Después, recordó que
165	no debía quedarse más tiempo, pues las abejas la podrían picar con sus
178	pequeñas espadas.
180	—Vamos, Tomás, sigamos nuestro camino —dijo Samara para apresurar
189	a su hermano.
192	Tomás no quería irse, pero sabía que debía obedecer a su hermana.
204	Después de caminar un rato, se sintió cansado y decidió sentarse sobre
216	una piedra. Aunque Samara quería apurar el paso, le gustaba complacer a
228	su hermano y deseaba darle la oportunidad de disfrutar del paisaje. A los
241	pocos segundos, la piedra sobre la que estaban sentados empezó a moverse
253	lentamente como un caracol. Los niños se pusieron de pie de un salto.

Nombre_____

—¡Mira, Samara! La piedra tiene patas —dijo Tomás.

—No es una piedra. Es una tortuga gigante y parece que no le gustó que nos sentáramos sobre ella.

Samara no quiso molestar más a la tortuga y tomó a su hermano de la mano para poder continuar. Tomás hizo muecas de cansancio, pero obedeció a su hermana mayor.

Tras unos kilómetros de recorrido, llegaron a una cabaña. Por la chimenea salía una nube de humo, pero no había nadie en su interior. Solo había un perro alegre y flaco como un perchero, que batía rápidamente la cola. Samara y Tomás corrieron junto a él a pesar del cansancio. Después de un rato, Tomás dejó de jugar. Samara siguió jugando con el perro que corría tras su sombra para intentar pisarla y morderla como si fuera un trapo invisible.

—Vámonos, Samara —dijo Tomás—. Estoy muy cansado.

—Espera un momento. Me estoy divirtiendo como nunca.

De repente, ella se detuvo y reflexionó por un momento. Recordó que su hermano era pequeño y frágil. Entonces dejó de jugar con el perro. Después, se aproximó a su hermano y le dijo:

—Súbete a mis hombros, yo te cargaré. Mañana podremos seguir con nuestra aventura.

Los dos sonrieron y se dieron un abrazo. Se alejaron por el paisaje lleno de árboles y hierba. Después de unos instantes, los dos estaban profundamente dormidos sobre la cama de Samara con el libro abierto en sus manos.

Nombre_____

A. Vuelve a leer el pasaje y responde las preguntas.

1. ¿Por qué Tomás decide sentarse sobre la piedra del camino?

_____

_____

2. ¿Cómo llegan Tomás y Samara al valle verde como una esmeralda?

_____

_____

3. ¿Qué le sucede a Tomás durante la aventura?

_____

_____

4. ¿Qué decide hacer Samara para no obligar a su hermano a caminar?

_____

_____

B. Trabaja con un compañero o una compañera. En voz alta, lean el pasaje durante un minuto. Presten atención a la expresión. Completen la tabla.

	Palabras leídas	–	Cantidad de errores	=	Puntaje: palabras correctas
Primera lectura		–		=	
Segunda lectura		–		=	

Nombre_____

Los sueños del soberano

Cuando el soberano despertó en la habitación de su palacio, se vio rodeado de muchos pájaros que cantaban y volaban alrededor de su cama. El soberano llamó a la reina y le dijo:

—Siempre dejan entrar esos pájaros por la ventana de mi habitación. Estoy cansado de verlos volando por todas partes al despertar.

Ella escuchó con paciencia los reclamos de su rey. No se atrevía a decirle lo que ocurría, pues seguramente se entristecería. Tomó con delicadeza a cada uno de los pájaros y los sacó por la ventana. Estos se volvieron plumas al contacto con el aire. Luego cerró la ventana como siempre. Lo que no sabía el soberano era que los pájaros eran la riqueza de su reino y que aparecían mientras él soñaba. Además, no podían salir de su cuarto porque la ventana siempre estaba cerrada.

Responde las preguntas sobre el texto.

1. ¿Cómo sabes que este es un texto de fantasía?

_____

_____

2. Describe el ambiente de este texto.

_____

_____

3. ¿Qué ejemplo de prefiguración encuentras en el texto?

_____

_____

4. ¿Qué hace la reina para complacer al rey?

_____

_____

Nombre_____

Lee los pasajes. Encuentra y subraya los símiles o las metáforas. Luego explica las dos cosas que se comparan en cada símil o metáfora.

1. Abrieron la primera página y de inmediato sintieron la brisa de un valle verde como una esmeralda.

   ¿Símil o metáfora? _____

   ¿Cuál es la comparación? _____

   _____

2. Samara se detuvo y miró fijamente a las abejas en su trabajo. Imaginó ser una de ellas y pensó en lo difícil que sería buscar la salida dentro de aquel laberinto.

   ¿Símil o metáfora? _____

   ¿Cuál es la comparación? _____

   _____

3. Solo había un perro alegre y flaco como un perchero.

   ¿Símil o metáfora? _____

   ¿Cuál es la comparación? _____

   _____

Nombre_____

A. Lee el borrador de ejemplo. Las preguntas te ayudarán a pensar en cómo captar la atención del lector con un principio interesante.

Borrador

Papá y yo siempre leemos libros. A veces nos transportamos a los lugares sobre los que leemos. Ayer fuimos a una ciudad hecha de chocolates y galletas.

---

1. ¿Qué tipo de libros leen los personajes?

2. ¿Cómo se transportan a los lugares sobre los que leen?

3. ¿Cómo regresan de esos lugares?

4. ¿Qué oración inicial podría presentar el tema y captar la atención del lector?

B. Ahora revisa el borrador y agrega un principio interesante que ayude a presentar el tema con claridad.

_____

_____

_____

_____

_____

_____

_____

Nombre_____

Imani escribió los siguientes párrafos e incluyó evidencia del texto de dos fuentes diferentes para responder la pregunta: *¿Cómo lograron la princesa Viviana y Jana que las escucharan sus compañeros de clase?*

En *Rosas, piedritas* y *mariposas*, la princesa Viviana era la timidez en pasta. El rey y la reina estaban muy preocupados por la situación, así que decidieron ofrecer una recompensa a quien encontrara una solución. Cierto día llegó un hombre que pidió hablar con la princesa. Mientras charlaba con ella el hombre se dio cuenta de cómo podría solucionar el problema: convirtió las mejillas rojas de la princesa en rosas, los nudos de la garganta en piedritas y el sudor de las manos en mariposas. También le regaló una cajita llena de silencio para que la abriera cuando quisiera hablar en clase. Y así fue como los compañeros de la princesa Viviana le prestaron atención a sus palabras.

En "¿Qué pasaría si te sucediera a ti?", Jana estaba preocupada por la grave situación de su amiga Yasmín: ella y su familia habían perdido todo en un incendio. Jana intentó convencer a sus compañeros de donar ropa y dinero, pero ellos estaban ocupados divirtiéndose y no le prestaron atención. Entonces la niña decidió escribir un poema en el que les pedía que se pusieran en los zapatos de la familia de Yasmín. Después de leer el poema, toda la escuela comprendió lo importante que sería esta ayuda.

Vuelve a leer el pasaje y sigue las instrucciones.

1. **Subraya** el principio interesante que haya atraído tu atención.

2. **Encierra en un círculo** las palabras expresivas que describan cómo solucionó el hombre la timidez de la princesa Viviana.

3. **Encierra en un cuadrado** el lenguaje preciso con el que se explique la tragedia de la familia de Yasmín.

4. **Escribe** una oración del texto en la que se incluya un pronombre y su antecedente.

_____

_____

Nombre_____

| asentarse | demente | persistente | territorio |
| curiosidad | necio | poderoso | visionario |

Decide qué palabra de vocabulario debe ir en cada espacio. Las claves de contexto de cada oración pueden servirte como ayuda.

1. En ocasiones, la gente llama _____ a las personas que hacen algo diferente. Por ejemplo, así llamaron a Cristóbal Colón por considerar que la Tierra era redonda en lugar de plana, como se creía en esa época. La _____ de este marinero hizo posible el descubrimiento de América. En su viaje, Colón no solo descubrió nuevos territorios, sino también nuevos animales y alimentos. Imagina que Colón no hubiera sido un _____. ¡No podríamos disfrutar de una barra de chocolate!

2. Algunos pueblos antiguos no tenían un territorio fijo y cambiaban de casa constantemente. En ocasiones, sus mudanzas se debían a la cantidad de alimento disponible en un lugar. Donde había alimento suficiente, _____ y cuando el alimento se acababa, se mudaban. Conseguir un _____ no era una tarea fácil. En algunas ocasiones, debían caminar muchos kilómetros, enfrentarse a feroces animales o sentir mucho frío.

3. Para alcanzar el sueño que te has propuesto es necesario ser muy _____. Por ejemplo, los deportistas entrenan desde tempranas horas de la mañana para lograr ser más veloces o más fuertes. Los científicos observan las estrellas y los planetas durante toda la noche para comprobar sus teorías.

4. En la antigüedad, los reyes más _____ usaban coronas doradas en su cabeza. La corona es un símbolo de poder y distinción que los _____ usan solo como adorno, mientras los verdaderos reyes lo hacen para gobernar adecuadamente a su pueblo.

Nombre_____

Lee la selección y completa el organizador gráfico de causa y efecto.

Causa	→	Efecto
	→	
	→	
	→	
	→	

Nombre_____

Lee el pasaje. Aplica la estrategia de visualizar para verificar que comprendes el texto.

Una pequeña mudanza de verano

1	**VALENTINA**
1	**CARLA**, *amiga de VALENTINA.*
5	**ADRIANA**, *madre de VALENTINA.*
9	**ESCENA UNO**
11	*(Valentina llega de la escuela, saluda a su madre y sube a su habitación*
25	*para dejar su maleta, mientras su madre prepara la merienda).*

35 **VALENTINA** *(toma una carta que hay sobre su cama y lee el sobre con*
49   *sorpresa)*: ¡Ay, llegó! *(Grita)*. ¡Mamá, llegó la carta!
57 **ADRIANA** *(desde la cocina)*: El cartero la trajo temprano esta mañana.
68   *(Valentina está tan emocionada que baja las escaleras corriendo para*
78   *leer la carta junto a su madre).*
85 **VALENTINA** *(agitada y sorprendida)*: ¡Qué emoción!, ¿qué crees que
94   diga? *(Abre el sobre que contiene la carta)*. Respetada señorita Jiménez.
105   *(Hace una pausa y mira fijamente a su madre)*. Le informamos que su
118   solicitud para el campamento artístico de verano ha sido aceptada.
128 **ADRIANA** *(abraza a Valentina)*: ¡Me alegro mucho, Valentina!, sabía que
138   te aceptarían. Te vas a divertir muchísimo.
145 **VALENTINA**: ¡Genial, mamá! Llamaré a Carla para contarle. *(Hace una*
155   *pausa)*. Mejor le diré que venga y así podremos celebrar, ¿te parece,
167   mamá? *(Mira a Adriana)*. Llamaré a papá ahora mismo porque a él
179   también hay que darle la buena noticia.
186   *(Adriana sigue preparando la merienda en la cocina mientras Valentina*
196   *llama por teléfono. Primero habla con su padre y después llama a Carla).*
209 **VALENTINA** *(habla por teléfono)*: ¿Hola? ¿Carla?, tengo una sorpresa
218   maravillosa, pero no puedo decírtela por teléfono. *(Hace una pausa)*.
228   Entonces, ¿vienes después de tu cita con el odontólogo?, ¿y vas a
240   acompañar a tu mamá al banco?, acá te espero. Dile a tu mamá que
254   venga también. *(Hace una pausa)*. Ajá, acá las esperamos. Adiós.

Nombre_____

ESCENA DOS

(Valentina recibe a Carla y a su madre con gran entusiasmo y, luego, se sientan en un banco que hay en la sala de la casa).

CARLA *(con una sonrisa de complicidad)*: Dinos, Valentina, ¿cuál es la gran noticia que no nos podías dar por teléfono?

VALENTINA *(muestra la carta)*: Miren lo que llegó hoy. *(Cita la carta que ya sabe de memoria).* "Le informamos que..."

CARLA *(interrumpe la cita de Valentina y grita)*: ¡Te aceptaron!
(Todas se dan un gran abrazo y continúan hablando sobre la gran noticia. Luego, Adriana trae postre y refrescos para celebrar, todas comen y, después, las niñas suben a la habitación de Valentina).

CARLA: Te mudarás y vivirás en otro lugar durante dos meses. *(Con cara de tristeza).* Me vas a hacer muchísima falta.

VALENTINA *(abraza a Carla)*: Y tú a mí, pero, cuando regrese, podremos estar mucho tiempo juntas, y nos contaremos qué hicimos durante el verano, pues tú también te vas a divertir bastante en casa de tus abuelos, y comerás sierra, uno de tus platos favoritos.

CARLA *(con una gran sonrisa)*: ¡Sí, será genial!, nos escribiremos correos electrónicos y me contarás cómo se ve la Sierra Nevada con los colores del atardecer. *(Observa que Valentina saca la maleta del armario).* ¿Y qué cosas vas a llevar?, recuerda que no puedes empacar toda tu habitación en esa maleta.
(Las niñas ríen).

VALENTINA: Por ahora solo quiero empacar todas mis pinturas para estar segura de que no se queda nada, así podré pintar la sierra y mostrártela. Terminaré de empacar con la ayuda de mamá.
(Suena el timbre. Se oyen voces abajo).

VALENTINA: ¡Llegó papá!, vamos a contarle y ponerlo al tanto de nuestras pequeñas mudanzas de verano.
(Las niñas bajan corriendo. Valentina abraza a su padre y todos celebran las maravillosas noticias que dieron inicio al verano).

Nombre_____

A. Vuelve a leer el pasaje y responde las preguntas.

1. ¿Qué decía la carta que encontró Valentina en su habitación?

_____

_____

2. ¿Cómo se sintió Valentina después de leer la carta? ¿Por qué?

_____

_____

3. ¿Cuáles son los planes de Carla para el verano?

_____

_____

4. ¿Por qué Valentina y Carla deciden comunicarse mediante correos electrónicos durante el verano?

_____

_____

B. Trabaja con un compañero o una compañera. En voz alta, lean el pasaje durante un minuto. Presten atención a la entonación y la articulación. Completen la tabla.

	Palabras leídas	–	Cantidad de errores	=	Puntaje: palabras correctas
Primera lectura		–		=	
Segunda lectura		–		=	

Nombre_____

Adiós... mientras regresas

(Andrés está reunido con sus amigos: Juan y Ana).

JUAN *(con intriga)*: ¿Por qué te vas a otro país, Andrés?

ANDRÉS: A mi papá le ofrecieron un trabajo mejor, así que nos vamos la próxima semana. ¡Tenemos muchas cosas para empacar!

ANA: ¿Y tus abuelos también se mudarán?

ANDRÉS: No. Ellos se quedan en su casa, solo nosotros nos mudaremos.

ANA *(con una gran sonrisa)*: Entonces no te irás por mucho tiempo, Andrés. Te irás con tus papás y regresarás durante las vacaciones.

JUAN *(abraza a sus amigos)*: Es verdad, Ana, solo es un pequeño hasta luego o hasta las próximas vacaciones.

Responde las preguntas sobre el texto.

1. **¿Por qué este fragmento forma parte de una obra de teatro?**

   _____

   _____

   _____

2. **¿Por qué Andrés se mudará?**

   _____

   _____

3. **¿Cómo sabes la reacción de los niños al enterarse de la mudanza de Andrés?**

   _____

   _____

4. **¿Cuántos personajes hay? ¿Cómo lo sabes?**

   _____

   _____

Nombre_____

**Lee las oraciones. Subraya las claves de contexto que te ayudan
a comprender el significado de los homógrafos en negrillas.
Luego, escribe la definición de cada uno.**

1. Entonces, ¿vienes después de tu **cita** con el odontólogo?

_____

_____

2. **Cita** la carta que ya sabe de memoria.

_____

_____

3. Comerás **sierra**, uno de tus platos favoritos.

_____

_____

4. Me contarás cómo se ve la **Sierra** Nevada con los colores del atardecer.

_____

_____

5. ¿Y vas a acompañar a tu mamá al **banco**?

_____

_____

6. Luego, se sientan en un **banco** en la sala de la casa.

_____

_____

Nombre_____

A. Lee el borrador de ejemplo. Las preguntas te ayudarán a pensar en varios tipos de oraciones que puedes incluir.

Borrador

Las obras de teatro pueden tratar sobre cualquier tema. Son entretenidas. Algunas pueden tener diez personajes o más. La trama de algunas es muy complicada.

---

1. ¿Cómo combinarías las dos primeras oraciones para hacer una oración más larga?

2. ¿Cómo escribirías la penúltima oración para darle más detalles?

3. ¿Cómo escribirías la última oración para mostrar el punto de vista del autor?

B. Ahora revisa el borrador y agrega diferentes tipos de oraciones para hacerlo más interesante de leer.

_____

_____

_____

_____

_____

_____

_____

_____

Nombre_____

Gabriel escribió los siguientes párrafos e incluyó evidencia del texto de dos fuentes diferentes para responder la pregunta: *¿Cuál fue el motivo por el que Cristóbal Colón salió de viaje y cuál fue el de los pequeñines Fermín y Alicia?*

Cristóbal Colón se preguntaba todo el tiempo: "¿Qué hay más allá del mar?". Muchos le respondían que no había absolutamente nada, mientras que otros afirmaban que el lugar estaba lleno de… ¡bestias fantásticas! Ante estas afirmaciones Colón negaba con la cabeza, escéptico. Él quería ver con sus propios ojos qué había más allá de las tierras conocidas; quizá habría secretos por develar, aventuras por experimentar nuevas rutas con mil posibilidades, montañas, ríos y ciudades: todo esto lo podría saber solo si salía de viaje.

Fermín y Alicia, los personajes de "El valle del Sol", querían con toda su fuerza llegar al valle donde brillaba este astro. Allí esperaban dejar atrás el intenso frío que los agobiaba y las espantosas construcciones artificiales de los seres humanos que volvían estéril, gris y dura la tierra en la que vivían. Nadie creía que podrían llegar al Valle del Sol, pues sus padres, sus abuelos y los abuelos de estos lo habían intentado sin resultado. Sin embargo, ellos no se dieron por vencidos y, después de excavar por mucho tiempo, llegaron al fértil y colorido valle con el resto de los pequeñines.

Vuelve a leer el pasaje y sigue las instrucciones.

1. **Subraya** las oraciones y frases en las cuales Gabriel utilizó signos de interrogación y de exclamación.

2. **Encierra en un círculo** una oración que esté escrita con lenguaje no verbal.

3. **Encierra en un cuadrado** un ejemplo de lenguaje sensorial en el segundo párrafo.

4. **Escribe** una oración que haya incluido Gabriel en su escrito que tenga un pronombre indefinido.

Nombre_____

actualmente	experimento	político	travesura
divertidísimo	mareado	procedimiento	verdadero

Responde las preguntas con las palabras de vocabulario. Luego, escribe una oración con cada palabra.

1. ¿Cómo puedes sentirte luego de dar vueltas en un carrusel? _____

_____

2. ¿Qué otra palabra hay para referirse a algo *real*? _____

_____

3. ¿Qué palabra se puede usar para comparar algo con el pasado? _____

_____

4. ¿Qué podría hacer un científico para probar sus teorías? _____

_____

5. ¿Cómo llamarías a una persona que busca un cargo público? _____

_____

6. ¿Cómo describirías a tu humorista favorito de la televisión? _____

_____

7. ¿Cómo se le llama a una acción que causa daños menores? _____

_____

8. ¿Cómo llamarías al conjunto de pasos que se siguen para lograr algo?

_____

Nombre_____

Lee la selección y completa el organizador gráfico de problema y solución.

Problema	Solución

Nombre_____

Lee el pasaje. Aplica la estrategia de resumir para identificar las ideas más importantes del pasaje.

Señas que hablan

10	Millones de personas utilizan el lenguaje de señas estadounidense
22	(ASL, por sus siglas en inglés). Las personas con discapacidad auditiva lo
33	han usado durante muchos años. Un joven estudiante de ciencias llamado
44	José Hernández-Rebollar se dio cuenta de que muy pocas personas que
55	podían oír conocían el ASL. Ellas no podían comunicarse con las personas
65	con discapacidad auditiva. Él se propuso crear una herramienta que
77	ayudara a resolver este problema. Con esto, también vio una forma de
	permitir que las personas con discapacidad auditiva se comunicaran.

86	**Sus primeros años**
89	Hernández-Rebollar trabajó como ingeniero en su tierra natal, México.
98	¡Incluso tomó parte en la fabricación de lo que se convertiría en el
111	telescopio más grande del mundo!
116	En 1998, recibió una beca para estudiar en Estados Unidos. Él decidió
128	realizar su doctorado en la Universidad George Washington, donde estudió
138	ingeniería eléctrica. En el año 2000, empezó a trabajar en su proyecto.
150	Era una idea sobre un nuevo guante.

157	**Su invento**
159	Hernández-Rebollar llamó a su herramienta el AcceleGlove. ¿Cuál es
168	su lógica? La gente usa sus manos para comunicarse por señas. El guante
181	convierte el lenguaje de señas en palabras habladas o impresas.
191	El proceso de convertir los movimientos en voz involucra varios pasos.
202	Todo comienza cuando se pone el guante en la mano y se sujeta al brazo.
217	El guante envía señales basadas en la posición y la forma en que la mano
232	y la muñeca se mueven. El guante también identifica la posición de la
245	muñeca y la mano con respecto al cuerpo.

Nombre_____

Una computadora recibe las señales, las clasifica y luego asocia el movimiento de la mano con la palabra correspondiente. Después, una voz automática computarizada dice la palabra.

El AcceleGlove del doctor Hernández-Rebollar ayuda a las personas con o sin discapacidades auditivas a comunicarse.

Usos del guante

El AcceleGlove puede hacer varias cosas. Puede ser útil cuando se presenta algo urgente. Con él, las personas pueden intercambiar palabras rápidamente. También puede usarse para enseñar ASL u otros tipos de lenguaje de señas.

El guante puede traducir del ASL tanto al español como al inglés. Esto puede ser útil para las personas que se mudan a Estados Unidos. Se espera que algún día el guante sirva para crear un lenguaje de señas universal. Ningún país necesitaría tener uno propio.

Además, la cantidad de palabras que el guante reconoce, aumentará a medida que se llevan a cabo más estudios. Así habrá menos errores.

Las personas que pueden oír también pueden darle otros usos al guante. En ocasiones, los miembros de las fuerzas militares utilizan una técnica de comunicación que involucra gestos silenciosos. El guante podría ayudarlos a enviar y recibir mensajes de forma inalámbrica. Solo necesitarían mover sus manos.

El guante también puede servir para divertirse en el mundo de los juegos en línea. Moverse dentro de un videojuego o dirigir un juego con el guante, son nuevas formas en las que una persona podría jugar.

El AcceleGlove de Hernández-Rebollar tiene una amplia variedad de usos. Es una herramienta que podría satisfacer las necesidades tanto de quienes pueden oír como de los que tienen discapacidades auditivas.

Nombre_____

A. Vuelve a leer el pasaje y responde las preguntas.

1. ¿Qué problema se presenta en el párrafo 1?

   _____

   _____

2. ¿Qué solución se presenta al problema del párrafo 1?

   _____

   _____

   _____

3. En el párrafo 8, encuentra un posible problema y su solución.

   _____

   _____

   _____

B. Trabaja con un compañero o una compañera. En voz alta, lean el pasaje durante un minuto. Presten atención al ritmo y la precisión. Completen la tabla.

	Palabras leídas	–	Cantidad de errores	=	Puntaje: palabras correctas
Primera lectura		–		=	
Segunda lectura		–		=	

Nombre_____

Thomas Edison

Thomas Edison fue uno de los inventores más importantes del mundo. Nació en 1847 en Milán, Ohio. Durante su niñez, Edison sentía gran curiosidad por la forma en que funcionaban las cosas. Varias de sus invenciones llevaron a la creación de artefactos que aún seguimos utilizando. En 1877, Edison inventó el fonógrafo, que después se convirtió en el tocadiscos y, en 1879, creó una bombilla de larga duración. El kinetógrafo que inventó en 1891 se convirtió después en la videocámara digital.

Thomas Edison ideó más de 1,000 inventos.

Responde las preguntas sobre el texto.

1. **¿Cómo sabes que este texto es una biografía?**

   _____

   _____

2. **¿Qué características del texto se incluyen en este pasaje?**

   _____

   _____

3. **¿Cómo te ayudan la fotografía y el pie de foto a entender mejor el texto? ¿Qué información te dan?**

   _____

   _____

   _____

4. **¿En qué orden se narran los sucesos del texto?**

   _____

   _____

Nombre_____

Raíz griega	Significado
tele	lejos
logo	pensamiento
dis	mal, difícil
auto	por sí mismo
tecne	arte, habilidad

Lee las oraciones. Luego, observa las raíces griegas y sus significados. En cada oración, subraya la palabra que contenga una raíz griega. Escribe su raíz en el espacio dado. Finalmente, escribe la definición de la palabra.

1. ¡Incluso tomó parte en la fabricación de lo que se convertiría en el telescopio más grande del mundo!

_____

2. ¿Cuál es su lógica?

_____

3. Después, una voz automática computarizada dice la palabra.

_____

4. Ellas no podían comunicarse con las personas con discapacidad auditiva.

_____

5. En ocasiones, los miembros de las fuerzas militares utilizan una técnica de comunicación que involucra gestos silenciosos.

_____

Nombre_____

A. Lee el borrador de ejemplo. Las preguntas te ayudarán a pensar en transiciones que puedes agregar para conectar las ideas.

Borrador

¿Por qué el teléfono inteligente es el invento más importante? Nos ayuda a estar en contacto. Nos permite buscar información fácilmente. También sirve para orientarse. No solo es un teléfono: es un mini computador.

---

1. ¿Cuántas oraciones de apoyo tiene este borrador?

2. ¿Las ideas fluyen de una a otra de manera lógica?

3. ¿Qué palabras de transición serían más apropiadas para comenzar algunas de las oraciones de apoyo?

B. Ahora revisa el borrador y agrega transiciones que ayuden a pasar fluidamente de una idea a otra.

_____

_____

_____

_____

_____

_____

_____

_____

Nombre_____

Brady escribió los siguientes párrafos e incluyó evidencia del texto de dos fuentes diferentes para responder la pregunta: *¿Cuáles fueron los inventos más importantes de Ben Franklin y el gnomo Federico y cómo estos inventos resolvieron los problemas de sus comunidades?*

En *Cómo Ben Franklin se robó el rayo*, Franklin creía que los rayos eran electricidad pura, y lo comprobó. Su experimento con la cometa demostró que la electricidad viaja a través de los cables. En esa época, los rayos habían causado varios incendios en edificios. Así que Franklin inventó el pararrayos, que controlaba la electricidad de forma segura, al canalizar la electricidad del rayo y dirigirla mediante un cable al suelo. Luego de su invento, la vida en su comunidad cambió para siempre, pues las tormentas eléctricas ya no incendiaban los campos y las casas gracias al pararrayos.

La historia de Federico es similar a la de Franklin. Él ayudó, con sus inventos, a que las cosas mejoraran en su comunidad. Sin saber por qué, los gnomos de su aldea no podían soñar, y eso estaba afectando su capacidad de retener recuerdos. Federico, después de encontrar el problema, inventó una máquina para soñar que le devolvió la tranquilidad a los gnomos de su aldea.

Vuelve a leer el pasaje y sigue las instrucciones.

1. **Encierra en un círculo** la palabra concreta que describe cómo Franklin controlaba la electricidad.

2. **Subraya** la palabra de transición que conecta dos ideas.

3. **Encierra en un cuadrado** los detalles de apoyo con los que Brady muestra en qué cambió la vida de la comunidad de los gnomos con el invento de Federico.

4. **Escribe** una frase en la que se presente concordancia entre un verbo y un pronombre.

_____

_____

Nombre_____

| aferrarse | arenoso | detalle | húmedo |
| ampliar | característico | disolverse | microscopio |

Completa las oraciones con las palabras de vocabulario.

1. **(arenoso)** Luego de un día en la playa, _____

_____

2. **(húmedo)** No estaba acostumbrado _____

_____

3. **(característico)** La nieve y el clima frío _____

_____

4. **(microscopio)** Para poder ver las _____

_____

5. **(disolverse)** Si agregas agua _____

_____

6. **(ampliar)** Sus anteojos _____

_____

7. **(aferrarse)** En un árbol alto, _____

_____

8. **(detalle)** Cuando regresaron de su viaje a África, _____

_____

Nombre_____

Lee la selección y completa el organizador gráfico de secuencia.

```
┌─────────────────────────────────────────────────┐
│                                                 │
│                                                 │
│                                                 │
│                                                 │
└─────────────────────────────────────────────────┘
                        ↓
┌─────────────────────────────────────────────────┐
│                                                 │
│                                                 │
│                                                 │
│                                                 │
└─────────────────────────────────────────────────┘
                        ↓
┌─────────────────────────────────────────────────┐
│                                                 │
│                                                 │
│                                                 │
│                                                 │
└─────────────────────────────────────────────────┘
                        ↓
┌─────────────────────────────────────────────────┐
│                                                 │
│                                                 │
│                                                 │
│                                                 │
└─────────────────────────────────────────────────┘
```

Nombre_____

Lee el pasaje. Aplica la estrategia de resumir para asegurarte de que comprendes el texto.

En la punta de tus dedos

    ¿Qué te hace diferente de los demás? ¿Tu cabello o tu nombre? ¿La

13   forma de tus ojos o de tu nariz? Todas esas características pueden ser

26   importantes. Sin embargo, hay algo muy especial que te diferencia de

37   todos los demás: tus huellas dactilares. Tal vez pienses que tus huellas

49   dactilares no forman parte de tu identidad, pero gracias a ellas se han

62   desarrollado varios métodos de identificación mucho menos arbitrarios.

70   Si te fijas bien, notarás que la toma de impresiones dactilares es un método

84   confiable para identificar a las personas.

90   A medida que envejecemos, nuestra apariencia cambia. Nuestro cabello

99   y estatura, e incluso la forma de nuestro rostro, pueden cambiar. Pero hay

112 algo que permanece: nuestras huellas dactilares. A menos que te lastimes

123 la yema de los dedos, tus huellas permanecerán iguales toda tu vida, no

136 solo una parte de ella. Cuando seas adulto, tendrás las mismas huellas que

149 tenías cuando eras niño.

153   No existen dos personas que tengan las mismas huellas. Una mirada

164 rápida a las yemas de tus dedos no demostraría mucho. Pero si las miras

178 detenidamente, notarás un patrón específico. Hay espirales y crestas. Las

188 formas que ves son solo tuyas: no son iguales a las de nadie más. Tus

203 huellas son únicas. Es por esta razón que las huellas dactilares ayudan a

216 identificar a las personas. Sin embargo, nos tomó muchos años entender la

228 importancia de las huellas dactilares.

Nombre_____

En 1858, Sir William Herschel de Inglaterra hacía que las personas firmaran sus documentos con las huellas de sus manos. Luego, utilizó las huellas dactilares. Entre más huellas dactilares veía, más se daba cuenta de que ninguna huella era igual a otra. Al parecer no había dos huellas idénticas. Sus observaciones minuciosas lo llevaron a concluir que las huellas dactilares podían servir para identificar a las personas.

En 1892, el científico Sir Francis Galton escribió un libro sobre las huellas dactilares. Él demostró que no cambian durante la vida de una persona y que se mantienen iguales. Aseguró que no era probable que dos personas tuvieran las mismas huellas. ¡Las probabilidades de que dos personas tengan las mismas huellas son de 1 en 64 mil millones!

Cada huella dactilar tiene un conjunto de espirales y crestas único.

La policía aprovechó la demostración de Galton para resolver crímenes. En 1901, la policía de Londres empezó a utilizar las huellas para encontrar personas. Descubrieron que esta era la mejor forma de hacerlo. Así podían estar seguros de que habían arrestado a la persona correcta. En 1903, el sistema penitenciario del estado de Nueva York también empezó a identificar a los criminales mediante huellas dactilares.

Pero las huellas dactilares no solo sirven para identificar delincuentes. Desde entonces, han sido utilizadas para identificar a los miembros de la Armada de Estados Unidos, el Cuerpo de Marines de Estados Unidos y el FBI. Los escáneres de huellas dactilares también pueden servir como una "llave" para abrir una puerta o los archivos de una computadora. Por ser únicas, las huellas dactilares ayudan a mantener ciertos archivos y oficinas seguros. ¿Sabías que a muchos niños les toman las huellas dactilares para evitar que se pierdan?

La importancia de las huellas dactilares ha resultado ser un gran descubrimiento. Ya sea para firmar documentos, identificar criminales o abrir puertas, las huellas son una forma confiable de identificar a las personas. Cuando queremos saber quién es una persona, podemos observar su rostro o preguntarle su nombre. Si queremos estar seguros, tenemos que mirar con detenimiento las espirales y crestas de las yemas de sus dedos.

Nombre_____

A. Vuelve a leer el pasaje y responde las preguntas.

1. ¿Qué descubrió Sir William Herschel en 1858?

_____

_____

_____

2. Según el texto, ¿qué descubrimiento se hizo después del de Herschel?

_____

_____

_____

3. ¿Cómo sabes que la información en el texto se presenta en orden cronológico?

_____

_____

_____

B. Trabaja con un compañero o una compañera. En voz alta, lean el pasaje durante un minuto. Presten atención al ritmo. Completen la tabla.

	Palabras leídas	–	Cantidad de errores	=	Puntaje: palabras correctas
Primera lectura		–		=	
Segunda lectura		–		=	

Nombre

El arte microscópico de Scott Aldrich

Scott Aldrich crea obras de arte con microscopios y luz. Aldrich estudió para convertirse en químico y con frecuencia utilizaba microscopios para examinar las sustancias químicas. Las formas que veía inspiraron su arte. Aldrich utiliza filtros de luz. Los filtros permiten que ciertos colores pasen a través de las sustancias químicas. Luego, toma fotografías de las sustancias con una cámara que tiene un microscopio incorporado. Muchas de sus fotos tienen el aspecto de objetos y animales conocidos.

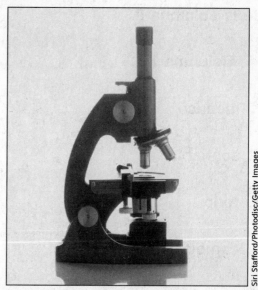

Siri Stafford/Photodisc/Getty Images

La fotografía de Aldrich revela cómo se ve el mundo a través de un microscopio.

Responde las preguntas sobre el texto.

1. **¿Cómo sabes que este es un texto expositivo?**

_____

_____

2. **¿Qué características del texto se incluyen en este pasaje?**

_____

3. **¿Qué muestra la fotografía? ¿Cómo complementa al texto?**

_____

_____

4. **¿Qué información te da el pie de foto?**

_____

_____

Nombre_____

A. Une con un línea las palabras de la columna 1 con un antónimo de la columna 2.

Columna 1	Columna 2

1. idéntico   **a.** sencillo

2. confiable   **b.** mantener

3. todo   **c.** diferente

4. cambiar   **d.** parte

5. específico   **e.** general

6. minucioso   **f.** inestable

B. Vuelve a escribir las oraciones. Reemplaza las palabras subrayadas con un antónimo.

1. **Ayer vimos <u>toda</u> la película.**

_____

2. **Mi madre <u>no cambió</u> la receta de la sopa.**

_____

3. **La lección de matemáticas fue tan <u>minuciosa</u> que tuve que tomar notas.**

_____

Nombre_____

A. Lee el borrador de ejemplo. Las preguntas te ayudarán a dar un tono formal al texto.

Borrador

El maestro lo usa a cada rato. No se puede levantar, pero se puede escribir sobre él. Se ensucia con el polvo de la tiza. No es nada del otro mundo, pero funciona.

---

1. ¿Qué ejemplo de lenguaje coloquial hay en la primera oración?

2. ¿Qué lenguaje formal podría servir para reemplazar las palabras informales de la primera oración?

3. ¿En que mejoraría el borrador si tuviera un lenguaje formal?

4. ¿En qué otras partes del borrador se puede reemplazar el vocabulario coloquial o la jerga por un lenguaje más formal?

B. Ahora revisa el borrador y agrega palabras y frases para dar un tono más formal al texto.

_____

_____

_____

_____

_____

_____

_____

Nombre_____

Delia incluyó la evidencia del texto de dos fuentes diferentes para responder la pregunta: ¿De qué manera, *Una gota de agua* y *La increíble poción de encogimiento* convencen a los lectores de la importancia de observar detenidamente algo?

Los autores de *Una gota de agua* y de "La increíble poción de encogimiento" convencen a los lectores de que las cosas se ven diferentes cuando se amplían: notamos detalles asombrosos que no habíamos visto antes.

Una gota de agua es un texto informativo. El autor utiliza palabras y fotografías para mostrar cómo y por qué cambia el agua. Por ejemplo, incluye fotografías de un copo de nieve ampliado 60 veces su tamaño real. También muestra aguanieve que ha sido ampliado 15 veces su tamaño. Esto permite a los lectores observar los detalles más extraordinarios que no podrían apreciar por sí mismos.

En el relato "La increíble poción de encogimiento", Isabel y Mariela tienen que ver el mundo de una manera diferente cuando se encogen para salvar a sus compañeros de clase. Ahora todo en su mundo está ampliado, ya que son tan pequeñas. Por ejemplo, Isabel tiene que evitar las amplias estrías de la madera en la mesa, que nunca antes había notado cuando tenía su estatura normal.

Ambos autores logran convencer a los lectores de la importancia de observar más detenidamente las cosas cuando están ampliadas.

Vuelve a leer el pasaje y sigue las instrucciones.

1. **Subraya** la opinión de Delia en el primer párrafo.

2. **Encierra en un círculo** un ejemplo que Delia incluye en los dos primeros párrafos para sustentar su opinión.

3. **Encierra en un cuadrado** un ejemplo de voz formal en el tercer párrafo.

4. **Escribe** dos ejemplos de pronombre posesivo que Delia haya utilizado en su escrito.

Nombre_____

arqueología	época	expedición	permanente
documentar	evidencia	fuerte	tremendo

Responde las preguntas con las palabras de vocabulario. Luego, escribe una oración con cada palabra.

1. ¿Cómo se llama el estudio científico del modo de vida de la gente del pasado?

_____

2. ¿Qué palabra podría usarse para describir algo muy grande?

_____

3. ¿Cómo podría llamarse a un viaje cuyo objetivo es observar leones?

_____

4. ¿Qué necesitas para probar que viste a un extraterrestre?

_____

5. ¿Cómo se llama la acción de llevar un registro de algo?

_____

6. ¿Cómo llamarías a algo que está destinado a durar sin cambiar?

_____

7. ¿Qué otra palabra hay para *fortaleza*?

_____

8. ¿Qué otra palabra sirve para referirse a un período de tiempo?

_____

Nombre_____

Lee la selección y completa el organizador gráfico de secuencia.

Nombre_____

Lee el pasaje. Aplica la estrategia de resumir para identificar las ideas más importantes del texto.

Influencia oriental

9	Los primeros inmigrantes asiáticos en llegar a Estados Unidos
22	provenían de China. Algunos de ellos llegaron en el siglo XVIII. Pero la
35	mayoría llegó en busca del oro de California a mediados del siglo XIX.
46	Los chinos trajeron su cultura y habilidades para realizar diversos trabajos.
	Su influencia en esos primeros años todavía se siente hoy.

Cultura y adaptación — 56

59	En 1848, corrió por todo el mundo la noticia de que se había encontrado
73	oro en Estados Unidos. La Fiebre del oro empezó en el oeste del país. Pero
88	ver para creer. Miles de personas se apresuraron a llegar a California con
101	el sueño de una mejor vida. Entre ellos, llegaron los chinos.
112	Los chinos trajeron su cultura a Estados Unidos. Ellos tenían su
123	propia lengua y sistema de creencias para compartir. Compartieron sus
133	costumbres y su comida con el oeste estadounidense.
141	La búsqueda de oro corría por cuenta de cada quien. Al comienzo,
153	los chinos no tenían problemas para encontrar el metal. Pero lo bueno
165	dura poco. El número de personas en busca de oro aumentó y pronto fue
179	más difícil encontrarlo. Al final, los chinos se vieron en la necesidad de
192	buscar otras formas de conseguir dinero. Algunos abrieron talleres. Otros
202	prestaban servicios de limpieza y lavandería.

Habilidades compartidas — 208

210	La mayoría de los chinos provenían de las zonas agrícolas de su país. En la
225	década de 1850, se sirvieron de sus habilidades en California. Cultivaban
236	alimentos cerca de sus hogares y los vendían puerta a puerta. Entre lo que
250	cultivaban había cítricos, maní y arroz.

Nombre_____

Los chinos también contribuyeron a que California se convirtiera en un buen lugar para la pesca. La práctica hace al maestro y muchos de ellos se convirtieron en expertos; pescaban bacalao, platija y tiburón. También sacaban ostras y mejillones del agua para venderlos en los mercados de la región. Los secaban con sal y los embarcaban a otras regiones del país.

Una ética laboral firme

Los chinos demostraron que el trabajo duro siempre tiene recompensa. Ellos desempeñaron un papel vital en la construcción del primer ferrocarril transcontinental de Estados Unidos entre 1863 y 1869. Fue el primer ferrocarril en conectar el este con el oeste.

Los inmigrantes chinos desempeñaron un papel importante en la construcción del primer ferrocarril transcontinental.

En 1868, la mayoría de los miles de trabajadores del ferrocarril eran chinos. Ellos instalaron los rieles que cruzaban ríos y valles. Construyeron túneles que atravesaban cordilleras. Afrontaron condiciones climáticas difíciles y largas jornadas de trabajo.

Con el ferrocarril, llegó el comercio a todo el país. El oeste cosechaba productos que el este quería. El tamaño de las granjas aumentó y la demanda de agricultores también. Por eso acudieron a los chinos para que ayudaran a cultivar la tierra. Las cosechas se enviaban al este.

Los chinos tuvieron una gran influencia en la vida del oeste. Ayudaron a forjar a Estados Unidos y a convertirlo en lo que es hoy.

Un tipo de medicina diferente

En el siglo XIX, los medicamentos y la medicina en Estados Unidos no eran muy avanzados. No había reglas establecidas para su uso. Los chinos trajeron hierbas medicinales de eficacia comprobada. Tenían tratamientos botánicos de miles de años de antigüedad. Aún se utilizan las hierbas asiáticas. La gente cree que tienen pocos o ningún efecto secundario.

Nombre_____

A. Vuelve a leer el pasaje y responde las preguntas.

1. Según la secuencia del texto, ¿qué fue lo primero que sucedió en 1848?

_____

_____

_____

2. ¿Qué suceso importante ocurrió entre 1863 y 1869?

_____

_____

_____

3. ¿Cómo sabes que la información del texto se presenta en orden cronológico?

_____

_____

_____

B. Trabaja con un compañero o una compañera. En voz alta, lean el pasaje durante un minuto. Presten atención al ritmo y la expresión. Completen la tabla.

	Palabras leídas	–	Cantidad de errores	=	Puntaje: palabras correctas
Primera lectura		–		=	
Segunda lectura		–		=	

Nombre_____

Una visita al pasado

Para aprender más sobre la historia de los inicios de Estados Unidos, debes visitar el parque estatal Pilgrim Memorial en Plymouth, Massachusetts. Este parque es el hogar de la Roca de Plymouth. Según dice la tradición, fue allí donde los peregrinos pisaron por primera vez el Nuevo Mundo. En un muelle cerca de allí, hay una réplica exacta del *Mayflower*. Los peregrinos navegaron en ese barco. Todos los años, alrededor de un millón de personas de todo el mundo viene a ver estos símbolos del pasado de Estados Unidos.

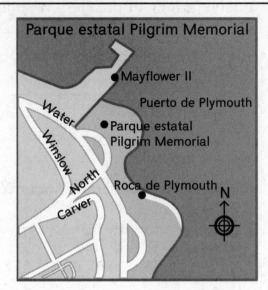

Responde las preguntas sobre el texto.

1. ¿Cómo sabes que este es un texto informativo?

   _____

2. ¿Cuál es el tema del texto?

   _____

3. ¿Qué característica del texto se incluye? ¿Por qué complementa al texto?

   _____

   _____

4. ¿Por qué visitar la ciudad de Plymouth te ayudaría a aprender sobre el pasado?

   _____

   _____

Nombre_____

Lee los grupos de oraciones. Subraya las claves de contexto que te ayudan a comprender lo que significan los proverbios o los refranes en negrillas. Luego, escribe su significado en el espacio dado.

1. La búsqueda de oro **corría por cuenta de cada quien**. El número de personas en busca de oro aumentó y pronto fue más difícil encontrarlo.

   _____

   _____

2. Al comienzo, los chinos no tenían problemas para encontrar el metal. Pero **lo bueno dura poco**. Al final, los chinos se vieron en la necesidad de buscar otras formas de conseguir dinero.

   _____

   _____

3. Los chinos demostraron que **el trabajo duro siempre tiene recompensa**. Ellos desempeñaron un papel vital en el primer ferrocarril transcontinental de Estados Unidos. Ellos instalaron los rieles que cruzaban ríos y valles. Construyeron túneles que atravesaban cordilleras.

   _____

   _____

4. Corrió por todo el mundo la noticia de que se había descubierto oro en Estados Unidos. Pero **ver para creer**. Miles de personas se apresuraron a llegar a California con el sueño de una mejor vida.

   _____

   _____

5. Los chinos también contribuyeron a que California se convirtiera en un buen lugar para la pesca. **La práctica hace al maestro** y los chinos se convirtieron en expertos.

   _____

   _____

Elementos de escritura: **Organización**

Nombre_____

A. Lee el borrador de ejemplo. Las preguntas te ayudarán a pensar en cómo concluir el artículo informativo con un buen final.

Borrador

Thomas Edison fue un inventor estadounidense. Inventó más de 1000 objetos diferentes. Gracias a que inventó la bombilla eléctrica, ¡yo no tengo que hacer mi tarea a la luz de una vela!

---

1. ¿Qué idea principal se podría resumir en la conclusión?

2. ¿Qué otras razones podrían apoyar la idea de que el invento de Edison de la bombilla eléctrica fue importante?

3. ¿Qué idea o detalle podría resumir mejor los pensamientos del escritor?

B. Ahora revisa el borrador y agrega un buen final que resuma los pensamientos del escritor.

_____

_____

_____

_____

_____

_____

_____

Copyright © McGraw-Hill Education

224 Práctica · Grado 4 · Unidad 5 · Semana 5

Nombre_____

Byron escribió los siguientes párrafos e incluyó evidencia del texto de dos fuentes diferentes para seguir la instrucción: *Compara y contrasta algunos de los primeros intentos de asentamientos de colonizadores en Estado Unidos.*

Debido a que los primeros colonizadores de Estados Unidos tuvieron que enfrentar varias dificultades, muchos de sus intentos para establecerse fueron de mal en peor. En *Redescubramos nuestros comienzos hispánicos* aprendí que cuando Florida fue descubierta, resultó difícil establecer una colonia allí. Por las duras condiciones climáticas, los animales peligrosos y la tierra árida que impedía sembrar los cultivos europeos, fracasaron seis intentos de colonización. El autor cuenta que finalmente el asentamiento español San Agustín logró establecerse allí, pero que se convirtió en blanco de los enemigos y fue obligado a trasladarse varias veces durante los siguientes seis años.

Los colonizadores de la isla de Roanoke también abandonaron su asentamiento, pero no sabemos por qué. Sin embargo, los historiadores tienen algunas teorías, en las cuales se incluyen enfermedades, hambruna o el aniquilamiento del asentamiento por parte de tribus hostiles de indígenas americanos. Los colonizadores ingleses construyeron un asentamiento cerca de la costa de Maine al que llamaron Popham, pero tampoco sobrevivió.

No se sabe si fue debido a ataques enemigos, las duras condiciones climáticas o el hambre, pero estos primeros asentamientos lucharon por sobrevivir y solamente unos pocos lo lograron.

Vuelve a leer el pasaje y sigue las instrucciones.

1. **Encierra en un círculo** la oración del primer párrafo en la que Byron expone el tema de su escrito.

2. **Encierra en un cuadrado** la información que indica cuántos intentos de colonización se realizaron en Florida.

3. **Subraya** la oración que resume la idea principal del texto.

4. **Escribe** un ejemplo de pronombre indefinido que Byron haya utilizado en su escrito.

_____

Nombre_____

ancestro	hipnotizado	madrugada	requintero
comunicativo	honrar	percutir	vigilancia

Completa las oraciones con las palabras de vocabulario.

1. **(ancestro) Un arqueólogo descubrió que** _____

_____.

2. **(comunicativo) Mi madre dice que en la familia** _____

_____.

3. **(hipnotizado) Al observar la obra de arte,** _____

_____.

4. **(honrar) Durante el festival de cine,** _____

_____.

5. **(madrugada) Era la más hermosa y cálida** _____

_____.

6. **(percutir) El maestro nos dijo que durante el ensayo** ___

_____.

7. **(requintero) Todos estaban esperando** _____

_____.

8. **(vigilancia) La casa estaba protegida con** _____

_____.

Nombre_____

Lee la selección y completa el organizador gráfico de tema.

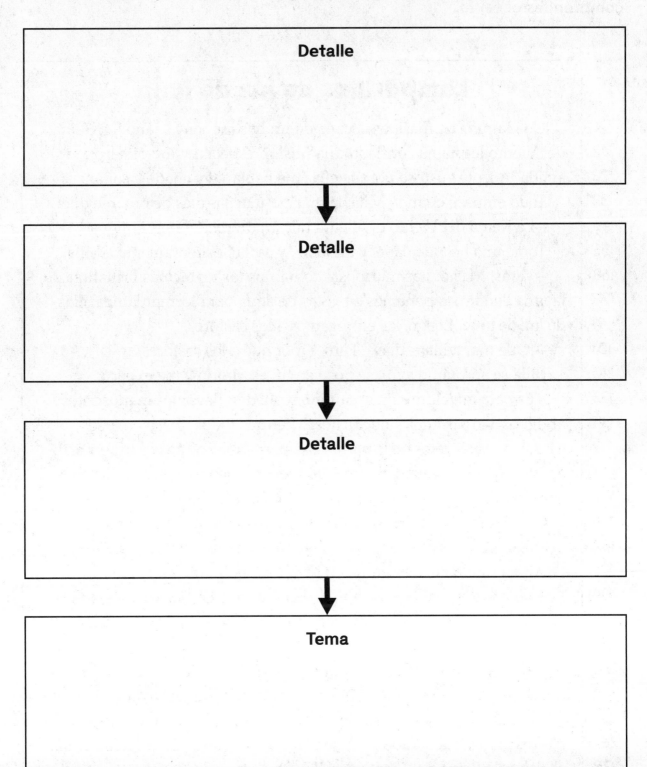

Detalle

Detalle

Detalle

Tema

Nombre_____

Lee el pasaje. Aplica la estrategia de volver a leer para verificar que comprendes el texto.

Lamparillas de luz de luna

	Una familia de mariposas vivía en un bosque muy lejano. La Reina
12	del Viento les había confiado una misión especial y me pidieron
23	ayuda. Acepté gustoso porque ellas me habían enseñado a soñar.
33	Todo empezó cuando Mila, la mariposa de las alas de oro, me dijo:
46	—La Reina del Viento divulgará nuestra tradición más antigua.
55	Tomé una hoja de papel y un lápiz, y escuché atentamente a Mila.
68	—Verás, Mario. Las mariposas tomamos los rayos más brillantes de
78	la luna llena y los ponemos en gotas de agua para formar lamparillas
91	de luz de luna. Luego, las entregamos a los castores.
101	—¡Qué maravilla! —dije—. Pero... ¿por qué a los castores?
110	Mila se aproximó a mí, se posó en mi escritorio y me explicó:
123	—Es para que iluminen el camino y puedan llevar los manuscritos
134	antiguos a los animales nocturnos. Mientras todos duermen, ellos
143	estudian los secretos de la naturaleza para saber cómo contribuir al
154	equilibrio del planeta. La Reina del Viento quiere que todos los niños
165	aprendan estos secretos para ayudar a cuidar la Tierra.
174	Cuando Mila terminó de contarme, pensamos en la manera de
184	extender el mensaje a los niños. Entonces, se me ocurrió una idea.
196	Al día siguiente, me reuní con la Reina del Viento y le dije:
209	—Mila me reveló la tradición de las mariposas y los castores.
220	Hablaré con mis padres. Ellos conocen a muchos adultos con hijos
231	pequeños como yo.
234	—¡Genial! —dijo la Reina—. Reunámonos en la Montaña Azul la
244	noche de luna llena. Gracias por tu interés en todo esto, Mario.
256	Cuando llegó el día, todos los niños nos dirigimos con nuestros
267	padres al lugar acordado y presenciamos el evento. La luna encendía
278	el cielo y la Reina del Viento arrullaba las copas de los árboles.

Nombre

Entonces vimos cómo las mariposas volaban hacia la luna para hacer las lamparillas. Se veían como parpadeos. Al bajar, se las entregaron a los castores, quienes ya tenían los manuscritos antiguos en su poder. Algunos animales nocturnos llegaron para recibir estos textos. En ese momento, la Reina del Viento invitó a los niños a acercarse. Ellos se aproximaron y empezaron a leer los manuscritos con ayuda de sus padres.

Fue así como los niños se enteraron de los "manuscritos de los cuatro elementos", que tratan sobre el agua, el aire, el fuego y la tierra; y de cómo estos se combinan para equilibrar la naturaleza.

—Ahora unamos nuestros conocimientos y enfoquemos nuestras acciones en ayudar al planeta —exclamó Mila muy emocionada—. Pronto nuestra contribución llegará a todos los rincones de la Tierra.

Desde entonces, cada luna llena llegan niños de diferentes países con sus padres a la Montaña Azul, y participan de la tradición de las mariposas del bosque. Su intención es adquirir estos sabios conocimientos para proteger la naturaleza.

Nombre_____

A. Vuelve a leer el pasaje y responde las preguntas.

1. ¿Por qué la Reina del Viento quería que los niños conocieran la tradición de las mariposas y los castores?

_____

_____

_____

2. ¿Por qué las mariposas daban lamparillas de luz de luna a los castores?

_____

_____

_____

3. ¿Cuál es el tema del relato?

_____

_____

_____

B. Trabaja con un compañero o una compañera. En voz alta, lean el pasaje durante un minuto. Presten atención al ritmo y la precisión. Completen la tabla.

	Palabras leídas	–	Cantidad de errores	=	Puntaje: palabras correctas
Primera lectura		–		=	
Segunda lectura		–		=	

Nombre_____

La tradición de los elfos

   Lucía vivía en el campo. Durante mucho tiempo, las cosechas de su papá se perdieron por causa de la sequía. Entonces decidió llamar a Filo. Él era un elfo inteligente y bondadoso que habitaba en una colina cercana. Para ayudar a su amiga, Filo le habló de una tradición del pueblo de los elfos:

   —La primera mañana de cada mes, recogemos las flores que crecen alrededor del Gran Árbol. Luego, las obsequiamos al Espíritu de la Lluvia para que nos ayude a mantener la tierra húmeda para sembrar —dijo.

   Lucía agradeció a Filo y decidió llevar a cabo la tradición de los elfos. Pensó que así podría traer la lluvia de regreso. Días después, el Espíritu de la Lluvia visitó la casa de Lucía e hizo que la tierra quedara perfecta para la siembra. Incluso crecieron árboles con frutos que ella no conocía.

Responde las preguntas sobre el texto.

1. ¿Cómo sabes que este es un texto de fantasía?

_____

_____

2. ¿Qué elemento literario se incluye en el relato?

_____

3. ¿Qué personajes son inventados por el autor?

_____

4. ¿En qué consiste la tradición de los elfos?

_____

_____

Nombre_____

Lee las oraciones. En el espacio dado, escribe la denotación y la connotación de las palabras en negrillas.

1. Todo empezó cuando Mila, la mariposa de las alas de **oro**, me dijo:

_____

_____

2. La luna **encendía** el cielo.

_____

_____

3. La Reina del Viento **arrullaba** las copas de los árboles.

_____

_____

4. Las mariposas volaban hacia la luna para hacer las lamparillas. Se veían como **parpadeos**.

_____

_____

5. Cuando Mila terminó de contarme, pensamos en la manera de **extender** su mensaje a los niños.

_____

_____

Nombre_____

A. Lee el borrador de ejemplo. Las preguntas te ayudarán a pensar en palabras expresivas que puedes agregar al suceso principal.

Borrador

Papá Noel me llevó a su fábrica de juguetes. Me mostró cómo los hacían. La noche de Navidad repartimos los regalos. Le llevé a mi hermanita la muñeca que quería.

---

1. ¿Con qué palabras expresivas podrías describir a Papá Noel?

2. ¿Qué palabras expresivas servirían para describir la fábrica de juguetes?

3. ¿Con qué palabras expresivas podrías describir la muñeca?

B. Ahora revisa el borrador y agrega palabras expresivas que ayuden a los lectores a visualizar claramente el suceso.

_____

_____

_____

_____

_____

_____

_____

_____

Nombre _____

Elena se basó en la evidencia del texto de dos fuentes diferentes para seguir la instrucción: *Escribe un diálogo entre la iguana y un indígena americano en el que comparen el Son de la iguana con los* **powwows.**

—¿Qué tan importante es el baile en tu cultura? —preguntó la iguana.

—¡Es sumamente importante! Nuestros pueblos han sufrido muchos cambios, pero el baile nos permite conservar nuestras tradiciones y reunirnos como hermanos.

—respondió el indígena, entusiasmado.

—En mi pueblo, cerca del río Papaloapan, todos los habitantes se reúnen para bailar el Son de la iguana, que sin querer nació cuando comencé a mover la cola y a dar volteretas al ritmo del fandango. Este baile se ha convertido en una ocasión importante y perfecta para que todos nos mantengamos unidos —comentó la iguana—. Y más para mí, pues..., ¡amo bailar!

—Nosotros tenemos una celebración muy parecida. Se llaman los *powwows*, y son fiestas maravillosas donde todos los indígenas nos reunimos para bailar y compartir relatos con los más jóvenes. Y todo lo hacemos para honrar la historia de nuestras tribus —replicó el indígena.

—¡Genial! —dijo la iguana parlanchina entre saltos—. ¿Qué te parece si me enseñas un baile americano y yo, a cambio, te muestro el Son de la iguana?

El indígena aceptó la propuesta con mucha emoción y los dos nuevos amigos se convirtieron en dos trompos bailarines.

Vuelve a leer el pasaje y sigue las instrucciones.

1. **Subraya** las palabras o frases que mejor describan a los personajes del diálogo.

2. **Encierra en un rectángulo** la oración que permite establecer el género del diálogo como de fantasía.

3. **Encierra en un círculo** ejemplos de palabras expresivas en el diálogo.

4. **Escribe** dos adjetivos posesivos que Elena haya incluido en el texto.

_____

Nombre_____

antiguo	diverso	industria	origen
códice	indicio	obediencia	ramificar

Responde las preguntas con las palabras de vocabulario. Luego, escribe una oración con cada una.

1. ¿Cómo te referirías a algo muy viejo? _____

_____

2. ¿Cómo te refieres a la acción de "seguir órdenes"? _____

_____

3. ¿Cómo se llama un libro manuscrito de la antigüedad? _____

_____

4. ¿Cuál es un sinónimo de *trabajo*? _____

_____

5. ¿Cuál es un sinónimo de *pista*? _____

_____

6. ¿Qué palabra significa "dividirse en ramas"? _____

_____

7. ¿Cuál es un sinónimo de *variado*? _____

_____

8. ¿Cuál es otra palabra para *nacimiento* o *principio*? _____

_____

Nombre_____

Lee la selección y completa el organizador gráfico de tema.

Detalle

⬇

Detalle

⬇

Detalle

⬇

Tema

Nombre_____

Lee el pasaje. Aplica la estrategia de volver a leer para verificar que comprendes el texto.

La brújula hecha de trenzas

9	En Colombia se encuentra el primer asentamiento de esclavos
21	africanos que erigió el asta de la libertad en América: San Basilio
33	de Palenque. Este hecho se logró gracias a la paciencia y astucia
36	de sus habitantes.
45	Los hombres eran obligados a trabajar largas y extenuantes
56	horas en haciendas o minas. Tanto las minas como las haciendas
65	pertenecían a los españoles, quienes comercializaban el oro que
72	obtenían del arduo trabajo de sus esclavos.
83	Los españoles vigilaban a los esclavos día y noche. Así, se
93	aseguraban de que ninguna persona fuera, según ellos, vaga o
103	perezosa, y garantizaban que todos durmieran en sus recintos y
115	no intentaran huir. Aunque la vida era dura para los esclavos, se
125	mantenían unidos por sus tradiciones, como los cantos, los cuales
129	han perdurado hasta hoy.
137	Los hombres y las mujeres realizaban trabajos diferentes.
146	Mientras que ellos se desempeñaban en tareas que implicaban
157	el uso de fuerza, las mujeres eran aguateras, cocineras o se
167	ocupaban del ganado y los animales de carga, como caballos
181	y mulas. A estos les ponían una baga o cuerda para atar lo que
191	debían transportar. Las labores de las mujeres les permitían salir
203	de las zonas de trabajo. Por dicha razón, conocían muy bien el
212	territorio que las rodeaba. Desde algunos lugares incluso podían
223	ver dónde se ubicaban los vigilantes españoles y cuáles eran los
	mejores sitios para esconderse.

Nombre_____

Agotados, los esclavos idearon un plan. Después de cerrar las puertas de sus hogares, hacían mapas de la región con base en las observaciones de las mujeres. Pero, ¿cómo les fue posible hacerlos si no tenían dónde escribir, y en muchas ocasiones no sabían hacerlo, y sin que los españoles se dieran cuenta? ¡En sus cabezas!

Los peinados de las mujeres fueron el producto de su tradición y la clave para conseguir la libertad. Ellas trenzaban en sus cabezas figuras que representaban el territorio que habitaban. Así, el mapa estaba a la vista de todos, excepto de los españoles. Ellos ignoraban por completo lo que las mujeres y las niñas llevaban.

Las trenzas fueron una brújula para los esclavos. También sirvieron de escondite. Allí guardaban semillas o pepitas de oro. Plantaban las semillas una vez que estaban lejos del dominio español. De esta manera aseguraban sus cultivos. El oro lo cambiaban por dinero.

Tanto los hombres como las mujeres memorizaban los mapas y se fugaban para serrar las cuerdas de la esclavitud, armados de valor. Algunos eran traídos de regreso por los españoles, otros lograban seguir su camino.

Poco a poco fueron agrupándose, hasta fundar el primer pueblo de América formado por esclavos que alcanzaron la libertad. Hoy lo conocemos como San Basilio de Palenque, declarado Patrimonio Cultural Inmaterial de la Humanidad por la Unesco en 2005.

Nombre_____

A. Vuelve a leer el pasaje y responde las preguntas.

1. ¿Cuál era la situación de los esclavos?

_____

_____

2. ¿Qué tradiciones africanas mantuvieron los esclavos según el texto?

_____

_____

3. ¿Cuál es el tema del pasaje? ¿Cómo lo sabes?

_____

_____

_____

B. Trabaja con un compañero o una compañera. En voz alta, lean el pasaje durante un minuto. Presten atención a la entonación. Completen la tabla.

	Palabras leídas	–	Cantidad de errores	=	Puntaje: palabras correctas
Primera lectura		–		=	
Segunda lectura		–		=	

Nombre_____

Nudos y números

Los incas fueron un antiguo pueblo indígena ubicado en lo que hoy es Perú. Ellos tenían un curioso sistema para registrar los números y posiblemente las palabras: los quipus. Era un sistema de nudos en cuerdas. Los antropólogos descubrieron que cada uno de los nudos representaba un número. Según su posición, representaba las unidades, las decenas y las centenas. Cuando escribes, el número de la derecha muestra las unidades y el que le sigue, a la izquierda, las decenas. Los incas hacían un nudo arriba para las unidades y uno abajo para las decenas.

Responde las preguntas sobre el texto.

1. **¿Cómo sabes que este es un texto expositivo?**

_____

_____

2. **¿Qué expone?**

_____

_____

3. **¿Qué relación hay entre el título y el texto?**

_____

_____

4. **¿Por qué crees que el autor incluyó la imagen en el texto?**

_____

_____

Nombre_____

Lee las oraciones. Subraya las claves de contexto que te ayudan a descifrar el significado de los homófonos en negrillas. Luego, escribe su definición en el espacio dado.

1. Se fugaban para **serrar** las cuerdas de la esclavitud, armados de valor.

   _____

2. Después de **cerrar** las puertas de sus hogares, hacían mapas de la región con base en las observaciones de las mujeres.

   _____

3. En Colombia se encuentra el primer asentamiento de esclavos africanos que erigió el **asta** de la libertad en América.

   _____

4. Poco a poco fueron agrupándose, **hasta** fundar el primer pueblo de América formado por esclavos que alcanzaron la libertad.

   _____

5. Así se aseguraban de que ninguna persona fuera, según ellos, **vaga** o perezosa.

   _____

6. Las mujeres eran aguateras, cocineras o se ocupaban del ganado y los animales de carga, como caballos y mulas. A estos les ponían una **baga** o cuerda para atar aquello que debían transportar.

   _____

Nombre_____

A. Lee el borrador de ejemplo. Las preguntas te ayudarán organizar los sucesos del texto.

Borrador

Él se subía a una balsa. Flotaba hasta el centro de la laguna de Guatavita. En una gran ceremonia, los muiscas bañaban a su cacique en oro.

---

1. En la ceremonia, ¿qué ocurría en primer lugar?

2. ¿Qué ocurría en último lugar?

3. ¿Qué palabras agregarías para organizar los sucesos en una secuencia lógica?

B. Ahora revisa el borrador y organiza los sucesos del texto mediante palabras que indiquen secuencia.

_____

_____

_____

_____

_____

_____

Nombre_____

Zach se basó en la evidencia del texto de dos fuentes diferentes para responder la pregunta: *¿Qué podría aportar un árbol genealógico a la enseñanza bilingüe en la escuela de Eleu?*

En *El árbol del tiempo* se expresa cuál es la importancia de mantener un registro del pasado. Un árbol genealógico es una herramienta útil para este fin, pues permite saber quiénes fueron nuestros antepasados más antiguos y cuáles han sido los principales acontecimientos que ha vivido nuestra familia. Eleu, el personaje principal de "Para que no olvides que eres maorí", podría enseñar a sus alumnos a hacer un árbol genealógico, pues la principal función de dicha escuela es mantener las tradiciones históricas del pueblo maorí. Primero, cada estudiante podría averiguar cuál ha sido su ascendencia y, como el tronco de un árbol, comenzar por anotar el nombre de los abuelos de sus padres. Luego, de ese tronco principal, saldrían distintas ramas, que vendrían a ser los diferentes hijos que han tenido los abuelos y los abuelos de los abuelos. Finalmente, los estudiantes aprenderían que, a pesar de los cambios que sufra el pueblo maorí, todos vienen de una raíz común con tradiciones particulares. Es así como un árbol genealógico les servirá muchísimo para tener su pasado presente sin importar lo que llegue en el futuro.

Vuelve a leer el pasaje y sigue las instrucciones.

1. **Encierra en un círculo** tres palabras que indican una secuencia.

2. **Encierra en un cuadrado** la oración que expone el tema principal del texto.

3. **Subraya** dos detalles descriptivos que ayudan a comprender qué es un árbol genealógico.

4. **Escribe** dos adjetivos superlativos que haya utilizado Zach en su texto.

_____

Nombre_____

coincidencia	consecuencia	eficiente	interesante
combustible	convertir	instalar	potencial

Con ayuda de las claves de contexto de cada oración, decide cuál es la palabra de vocabulario más apropiada en cada caso.

Todos se acomodaban en el salón de clase mientras la maestra Gómez escribía en el pizarrón el nombre del nuevo proyecto: Ser ecológicos.

—¿Ser ecológicos? ¿Qué significa eso? —preguntó Claudia—. ¿Tenemos que disfrazarnos?

Nicolás sonrió y dijo:

—No, Claudia. Significa ser más amables con el medioambiente. Por ejemplo, todos deberíamos usar recursos renovables y evitar el uso de _____ fósiles.

—Nicolás tiene razón —dijo la maestra Gómez—. El objetivo del proyecto es lograr que ustedes hablen con sus familiares y amigos sobre las _____ de no cuidar el medioambiente. Es importante que todos manejemos nuestros desechos de manera más _____.

—Mis padres _____ paneles solares en nuestra casa para aprovechar la energía del sol —dijo Marcos—. Los paneles _____ la luz solar en electricidad.

—Pienso que para cuidar el medioambiente debemos aprovechar todo nuestro _____ y crear un plan cuidadoso. Salvar el planeta no ocurrirá por casualidad o _____ —dijo Martha.

—Parece que todos saben mucho del tema —dijo la maestra Gómez—, y podemos lograr que los demás piensen igual. De hecho, todos deberíamos ser ecológicos; no es un estilo de vida imposible de alcanzar.

—Volvámonos ecológicos —dijo Claudia. Todos aplaudieron con entusiasmo. Este era un proyecto muy _____.

Nombre_____

Lee la selección y completa el organizador gráfico de idea principal y detalles clave.

Idea principal
Detalle
Detalle
Detalle

Nombre_____

Lee el pasaje. Aplica la estrategia de hacer y responder preguntas como ayuda para entender la información nueva.

El poder del agua

	Hace poco estuve en la playa y vi cómo las olas rompían en la
15	arena. El agua salpicó a mi alrededor y se llevó consigo las caracolas
28	cercanas. Este suceso me hizo reflexionar. El viento y el sol sirven
41	para generar electricidad, así como el agua. La energía hidráulica
52	también es un recurso renovable. Podría ayudarnos a resolver nuestros
61	problemas de suministro de energía.
64	La energía hidráulica se ha utilizado durante miles de años. Esto se
76	remonta al descubrimiento de la rueda hidráulica: una circunferencia
85	enorme con paletas en el borde que, al ser girada por la fuerza del agua,
100	pone en marcha la maquinaria conectada a esta. Hacia 2500 a. C., los
113	antiguos egipcios, griegos y romanos usaron este tipo de energía. Esta
124	práctica perduró hasta la Edad Media.
130	Sin embargo, la energía hidráulica ha evolucionado desde entonces.
139	Hacia 1628, los peregrinos la usaban para procesar maíz en los
150	molinos. Pero al empezar el siglo XIX, el vapor reemplazó la energía
162	hidráulica y se convirtió en la principal fuente de energía.
172	Las personas calentaban el agua con carbón. El agua en ebullición
183	producía vapor, el cual hacía funcionar los motores y otras máquinas.
194	A finales del siglo XIX, la energía hidráulica volvió a ser popular.
206	La demanda de energía eléctrica aumentó. La primera central
215	hidroeléctrica se construyó en 1882 en Appleton, Winsconsin. Esta
224	generaba la electricidad necesaria para alumbrar una casa y dos
234	fábricas de papel. Pensándolo bien era insuficiente, ¡pero fue un
244	comienzo! Con el tiempo, la demanda de energía hidráulica creció
254	constantemente. En la actualidad, una central de energía hidráulica
263	genera 7,600 megavatios.

Nombre

Así funcionan las represas

Tal vez creas que las represas solo contienen agua, pero algunas de ellas se usan para generar energía hidráulica. La cantidad de electricidad que producen depende del nivel del agua. En consecuencia, cuando el nivel del agua es alto, hay más presión en las turbinas que están instaladas en la parte inferior. Cuanto más giren las turbinas, más electricidad se genera.

Glow Images

Pero hay un problema con la energía hidráulica. Solo funciona en lugares específicos de Estados Unidos. Si no hay abundante agua en movimiento, este tipo de energía no funciona. Por tal motivo, muchos creen que esta no es eficiente. Sin embargo, muchos lugares están en capacidad de generar grandes cantidades de energía hidráulica. En algunas partes de California y del noroeste de Estados Unidos se produce la mayor cantidad de energía.

Investigué en la biblioteca sobre la cantidad de energía que proviene del agua. Cerca del 7.8 por ciento de la electricidad de Estados Unidos se origina en las centrales hidroeléctricas. No podía creer que gran parte de la electricidad proviniera de los combustibles fósiles y la energía nuclear. Esperaba que el uso de recursos renovables tuviera cifras mayores.

Tal vez un día aprendamos a usar únicamente recursos renovables. Sigamos el ejemplo de países como Brasil e Islandia. Este último es uno de los precursores en el uso de la energía geotérmica proveniente de las aguas termales. Brasil tiene una de las represas más grandes del mundo. Estos países nos muestran cómo Estados Unidos podría llegar a ser una nación más ecológica.

Nombre_____

A. Vuelve a leer el pasaje y responde las preguntas.

1. ¿Cuáles son tres detalles clave del segundo párrafo?

_____

_____

_____

2. ¿Cómo se relacionan estos detalles?

_____

_____

3. ¿Cuál es la idea principal del pasaje?

_____

_____

B. Trabaja con un compañero o una compañera. En voz alta, lean el pasaje durante un minuto. Presten atención a la expresión. Completen la tabla.

	Palabras leídas	–	Cantidad de errores	=	Puntaje: palabras correctas
Primera lectura		–		=	
Segunda lectura		–		=	

Nombre_____

Hogares más frescos

Tras la invención de los ventiladores, surgió el aire acondicionado. Este tipo de refrigeración tuvo un gran impacto en la forma de construir casas en Estados Unidos. Las habitaciones se hicieron más pequeñas para refrigerarlas más fácilmente. Los techos se hicieron más bajos. Las puertas de vidrio y los ventanales reemplazaron los pórticos.

El aire acondicionado también permitió que las ciudades se expandieran a otras áreas. El clima hostil de algunos lugares dejó de ser un impedimento para construir hogares cómodos. Ciudades desérticas como Phoenix, Los Ángeles y Las Vegas crecieron rápidamente tras la invención del aire acondicionado.

Historia del aire acondicionado

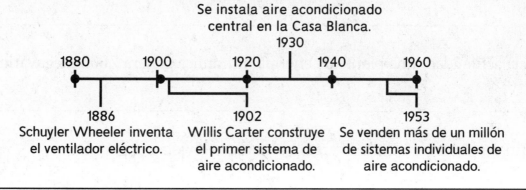

Responde las preguntas sobre el texto.

1. **¿Cómo sabes que este es un texto de narrativa de no ficción?**

_____

2. **¿Qué característica del texto se incluye en este pasaje?**

_____

3. **¿De qué manera te ayuda la línea cronológica a comprender el texto?**

_____

_____

Nombre_____

Prefijo latino	Significado	Prefijo griego	Significado
in-	no	*hidr-*	agua
pre-	antes	*pre-*	antes
		mega-	grande
		geo-	tierra

Lee las oraciones. Escribe el significado de las palabras en negrillas. La información del recuadro te puede servir como ayuda.

1. Islandia es uno de los **precursores** en el uso de la energía geotérmica.

_____

2. En la actualidad, una planta de energía hidráulica genera 7,600 **megavatios**.

_____

3. A finales del siglo XIX, la energía **hidráulica** volvió a ser popular.

_____

4. Esta generaba la energía necesaria para alumbrar una casa y dos fábricas de papel. Pensándolo bien era **insuficiente**, ¡pero fue un comienzo!

_____

5. Este último es uno de los precursores en el uso de la energía **geotérmica** proveniente de las aguas termales.

_____

Nombre_____

A. Lee el borrador de ejemplo. Las preguntas te ayudarán a pensar en palabras de transición que puedes agregar.

Borrador

La gasolina tiene muchos usos importantes. Se utiliza para hacer funcionar autos, buses y trenes. Pienso que la gente debe ahorrar energía. No debemos usar tanta gasolina.

---

1. ¿Qué palabra de transición mostraría que la segunda oración es un ejemplo que se desprende de la primera oración?

2. ¿Qué palabra de transición mostraría que las ideas de la segunda y tercera oraciones están relacionadas?

3. ¿Qué palabra de transición mostraría una relación de causa y efecto entre las ideas que exponen las dos últimas oraciones?

B. Ahora revisa el borrador y agrega palabras de transición que ayuden a conectar las ideas.

_____

_____

_____

_____

_____

_____

Nombre_____

Kisha se basó en la evidencia del texto de dos fuentes diferentes para responder la pregunta: *¿Deberían las personas cambiar sus fuentes de energía a medida que las circunstancias van cambiando?*

Considero que es importante que las personas cambien sus fuentes de energía a medida que las circunstancias van cambiando. Como se explica en *La isla de la energía,* las fuentes de energía no renovable se agotarán algún día. Por ende, las personas deberían prepararse para dicho cambio antes de que suceda. Varios científicos están ideando nuevas formas de utilizar fuentes de energía renovable. Todos deberíamos aprovechar esto y desarrollar proyectos de energía renovable que provean alguna o la mayor cantidad de energía posible.

Asimismo, comparto con el autor de *La isla de la energía* la opinión de que distintos lugares pueden ser mejores fuentes para diversas formas de energía renovable. Por ejemplo, la energía solar sería mejor recolectarla en un desierto, y la energía eólica en sitios con bastante viento, como Dinamarca. Todos alrededor del mundo deberían encontrar el tipo de energía que mejor se acople a las condiciones del lugar en el que viven.

En "Del fuego y el agua" se muestra, a partir de dos mitos, la importancia de la energía para la supervivencia de los seres humanos. Cuando no hay recursos, como el fuego o el agua, la vida se vuelve miserable. Por eso debemos planear cómo utilizar, ahora y en el futuro, fuentes de energía renovable.

Vuelve a leer el pasaje y sigue las instrucciones.

1. **Encierra en un círculo** la oración que expresa el punto de vista de la autora

2. **Subraya** una oración que sustente el punto de vista de Kisha.

3. **Encierra en un cuadrado** dos frases de transición.

4. **Escribe** un ejemplo de adverbio de modo y otro de tiempo que haya utilizado Kisha en su texto.

_____

Nombre_____

economía	global	mercado	transacción
empresario	invertir	moneda	valioso

Completa las oraciones con las palabras de vocabulario.

1. (moneda) En Estados Unidos _____

   _____.

2. (economía) Bienes y servicios _____

   _____.

3. (global) Muchos negocios _____

   _____.

4. (invertir) Hay quienes dicen que es sensato _____

   _____.

5. (mercado) Después de cosechar el maíz, el agricultor _____

   _____.

6. (transacción) Cobrar más de un dólar por una fruta _____

   _____.

7. (empresario) Con una idea novedosa y creativa _____

   _____.

8. (valioso) Los arqueólogos hicieron un hallazgo _____

   _____.

Nombre_____

Lee la selección y completa el organizador gráfico de idea principal
y detalles clave.

Idea principal
Detalle
Detalle
Detalle

Nombre

Lee el pasaje. Aplica la estrategia de hacer y responder preguntas para comprender mejor los detalles clave del texto.

El dinero estadounidense

10	¿Te has fijado en un dólar estadounidense? Allí está la imagen de George Washington, pero no siempre estuvo allí y el dólar no siempre
22	fue verde. El dinero estadounidense ha cambiado con el tiempo.

32 ## Una moneda continental

35	La Guerra de Independencia tuvo un costo. Los colonizadores
44	decidieron financiar la guerra con una clase de papel moneda
54	conocida como "continentales", pero estos no estaban respaldados
62	por oro ni plata y, después de la guerra, perdieron su valor.

74 ## Un nuevo país, una nueva moneda

80	El que persevera alcanza. Estados Unidos había ganado la guerra
90	y necesitaba su propio dinero. El dólar se convirtió en la unidad
102	monetaria de Estados Unidos en 1785. Los primeros peniques se
112	hicieron en 1793. Cada uno valía un centavo y cien peniques equivalían
124	a un dólar. Los primeros peniques tenían el rostro de la Dama de la
138	Libertad, pero hoy en día tienen la imagen de Abraham Lincoln. Otros
150	presidentes aparecen en el dinero estadounidense. George Washington
158	aparece en la moneda de 25 centavos, Thomas Jefferson en la moneda
170	de 5 centavos y Andrew Jackson en el billete de 20 dólares.

182 ## En honor a los líderes estadounidenses

188	Benjamin Franklin fue un famoso escritor, científico y estadista.
197	Él aparece en el billete de 100 dólares. Sacagawea, una indígena
208	shoshone que ayudó a Lewis y Clark a llegar a la costa oeste de
222	Norteamérica, aparece en la moneda de un dólar de edición especial.

Nombre_____

La época de la libertad bancaria

En 1836, casi ningún banco tenía buena reputación. Cualquier banco podía imprimir sus propios billetes. Estos tenían diferentes colores, formas y tamaños. Un billete de un dólar de Maine no era igual al billete de un dólar de Nueva York. En general, los billetes solo podían cambiarse en el banco que los había fabricado y algunos bancos no poseían ni oro ni plata para respaldarlos. Como dice el proverbio: "No apuestes todo a una sola carta". Muchas personas tenían dólares de un solo banco. Pronto, esos dólares perdieron su valor.

1775	1837	1862	1929	2013
Uno de los primeros continentales que se imprimieron	Un billete de 8 dólares de Nueva Jersey	Los billetes verdes se imprimieron entre 1861 y 1929	El penique de Lincoln	El billete de un dólar actual

Los billetes verdes

En 1861, se fabricaron los primeros billetes verdes. Estos tenían tinta verde y eran iguales en todos los estados. Los billetes de 5, 10 y 20 dólares fueron los primeros en aparecer. Después aparecieron los de 1, 2, 50, 100, 500 y 1,000 dólares. Los rostros de los presidentes aparecían en ellos. Washington apareció por primera vez en el billete de un dólar en 1862. Durante la Guerra de Secesión, el Norte usó los billetes verdes y el Sur sus propios "dólares confederados". La historia se repite. Igual que los continentales, los dólares confederados se devaluaron tras la guerra.

El dinero estadounidense hoy

En la actualidad, la reserva federal se encarga de imprimir el dinero. En 1929, empezó a imprimir billetes más pequeños. Aún utilizamos esos dólares. El dinero estadounidense ha cambiado con el tiempo. ¡Quién sabe cómo se verá un dólar en 100 años!

Nombre_____

A. Vuelve a leer el pasaje y responde las preguntas.

1. Menciona dos detalles clave del párrafo 3.

_____

_____

2. ¿Qué dinero se imprimía durante la época de la libertad bancaria?

_____

_____

3. Menciona dos detalles clave de la sección "Los billetes verdes".

_____

_____

4. ¿Cuál es la idea principal del pasaje?

_____

_____

B. Trabaja con un compañero o una compañera. En voz alta, lean el pasaje durante un minuto. Presten atención a la precisión. Completen la tabla.

	Palabras leídas	–	Cantidad de errores	=	Puntaje: palabras correctas
Primera lectura		–		=	
Segunda lectura		–		=	

Nombre_____

¿De dónde proviene la palabra *dólar*?

La gente usa dólares todo el tiempo. Pero, ¿de dónde viene su nombre? De hecho, la palabra *dólar* viene de una palabra más antigua: *thaler*. La forma de escribirla y pronunciarla ha cambiado con el tiempo. Los thalers eran monedas de plata que se utilizaban antiguamente en toda Europa. Obtuvieron su nombre del lugar de donde se extraía la plata: Joachimsthal, una ciudad ubicada en donde hoy se encuentra la República Checa. Al comienzo, las monedas se llamaban Joachimsthaler, pero este nombre tan largo se acortó hasta convertirse en *thaler*.

GLOSARIO

Thaler

Una de las diferentes monedas de plata que solían utilizarse en algunos países germánicos.

Responde las preguntas sobre el texto.

1. ¿Cómo sabes que este es un texto expositivo?

_____

2. ¿De qué trata el texto?

_____

3. ¿Qué característica del texto se incluye? ¿Qué indica?

_____

_____

4. ¿De dónde proviene la palabra *dólar*?

_____

Nombre_____

Lee los pasajes. Subraya las claves del párrafo que te ayudan a comprender el significado de los proverbios o los refranes en negrillas. Luego, escribe su significado en el espacio dado.

1. Los colonizadores decidieron financiar la Guerra de Independencia con una clase de papel moneda conocida como "continentales", pero estos no estaban respaldados por oro ni plata y, tras la guerra, perdieron su valor. **El que persevera alcanza**. Estados Unidos había ganado la guerra y necesitaba su propio dinero. El dólar se convirtió en la unidad monetaria de Estados Unidos en 1785.

   _____

2. Algunos bancos no poseían ni oro ni plata para respaldar estos billetes. Como dice el proverbio: **"No apuestes todo a una sola carta"**. Muchas personas tenían dólares de un solo banco. Pronto, esos dólares perdieron su valor.

   _____

3. Durante la Guerra de Secesión, el Norte usó los billetes verdes y el Sur sus propios "dólares confederados". **La historia se repite**. Igual que los continentales, los dólares confederados se devaluaron tras la guerra.

   _____

Nombre_____

A. Lee el borrador de ejemplo. Las preguntas te ayudarán a pensar en palabras de contenido que puedes agregar.

Borrador

Es importante trabajar. Cuando trabajas, ganas dinero. Esto te permite pagar las cosas que necesitas. Trabajar te enseña a ser responsable. Es una forma de ayudar a la sociedad.

---

1. ¿Cómo te ayudan las palabras utilizadas en este borrador a comprender el tema general del texto?

2. ¿Qué palabra podría explicar mejor lo que el autor quiere decir con el término "trabajar"?

3. ¿Dónde podría incluir el autor palabras como *ganancia* para ayudar al lector a comprender mejor el tema?

B. Ahora revisa el borrador y agrega palabras de contenido para explicar con claridad la importancia de trabajar.

_____

_____

_____

_____

_____

_____

_____

Nombre_____

Hassan se basó en la evidencia del texto de dos fuentes diferentes para responder la pregunta: *¿Qué impacto tienen las leyes de la oferta y la demanda sobre el molino de Pedro?*

En *El panorama general de la economía*, David Adler explica cómo la oferta y la demanda están conectadas. Si la oferta aumenta, los precios caen, pero si la oferta cae, los precios aumentan. Sucede lo contratrio con la demanda, pues si esta aumenta, los precios aumentan, pero si esta cae, los precios también disminuyen. En "La buena suerte del molinero", la oferta de Pedro se reduce a la cantidad de granos que pueda moler. Al principio, cuando es pobre, Pedro no puede moler muchos granos, por lo que la demanda por su trabajo es muy baja. Luego, cuando Pedro logra ganar algún dinero, lo invierte en su molino para agrandarlo. Todos los granjeros empiezan a llevar sus granos al molino de Pedro. Esto indica que la demanda por su trabajo aumentó y, por consiguiente, Pedro podría cobrar más por su trabajo. Por otra parte, como ahora podía moler más granos y su oferta había aumentado, también es posible que Pedro decidiera reducir el precio. Sin importar la decisión que tome, seguramente será tan exitoso como Libor y Vidal, pues continúa invirtiendo en su negocio y trabajando duro.

Vuelve a leer el pasaje y sigue las instrucciones.

1. **Encierra en un círculo** dos frases de transición que aparecen en el texto.

2. **Encierra en un cuadrado** la frase que explique de qué manera beneficiaría una alta demanda del trabajo del molinero.

3. **Subraya** tres palabras de contenido que Hassan utilizó para hacer más claro el texto.

4. **Escribe** dos adverbios comparativos que Hassan utilizó en su texto.

_____

Nombre_____

| delicioso | individualidad | raíz | vigoroso |

Responde las preguntas con las palabras de vocabulario. Luego, escribe una oración con cada una.

1. ¿Qué se conoce como las características particulares de una persona?

   _____

   _____

2. ¿Qué se dice si un pastel está bien preparado y tiene buen sabor? _____

   _____

3. ¿Qué característica tiene el sistema de las prisiones? _____

   _____

4. ¿Qué palabra se puede usar para referirse al origen cultural de un grupo de

   personas? _____

   _____

Nombre_____

Lee la selección y completa el organizador gráfico de tema.

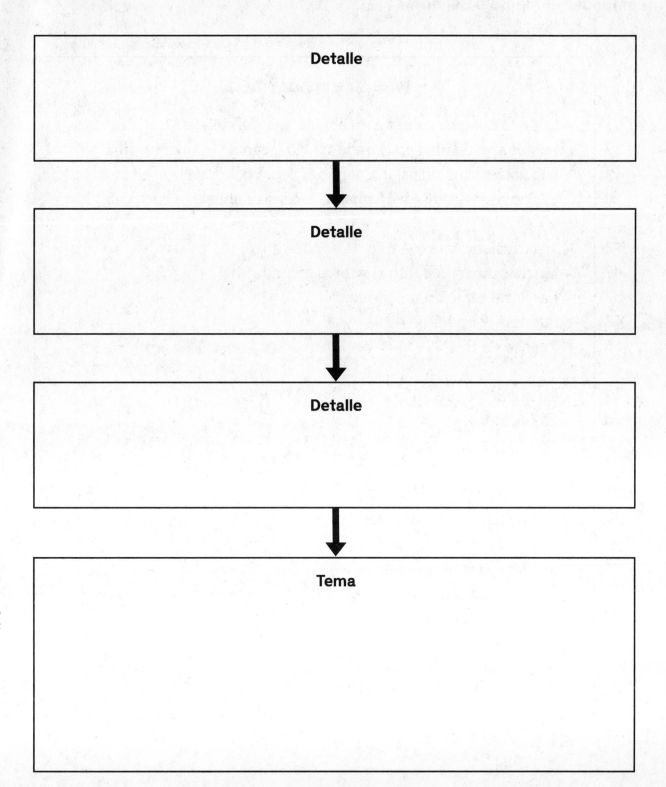

Nombre_____

Lee el poema. Presta atención a los detalles que te pueden ayudar a entender el mensaje del autor.

Me siento feliz

	Cuando escucho cantar a mi abuela, me siento feliz.
9	Su guitarra de madera clara toma vida, canta y danza sin fin.
21	Las notas, trino de pájaro, te hacen ver abuela, ¡ave!
31	Las notas, cascadas de fuente, te hacen ver abuela, ¡agua pura!
42	Tus canciones me cuentan de donde vengo.
49	Muchas otras preparan el rumbo a donde voy.
57	Las letras también me dicen:
62	Puedes ser un héroe,
66	Puedes ser tú.
69	Mi alma, sol que brilla al compás
76	de tus tonadas,
79	Cuando cantas, quiere
82	cantar contigo.
84	Tomo mi guitarra pequeña,
90	que habla con mi voz infantil.
94	Mis letras dicen que
98	cuando cantas quiero bailar,
102	Salto de alegría, corro por
107	el jardín.
109	Gracias a ti, abuela, soy un
115	ser feliz.

Nombre_____

A. Vuelve a leer el poema y responde las preguntas.

1. ¿De qué trata el poema?

_____

_____

2. ¿Cuál es el tema de este poema?

_____

_____

_____

3. ¿Qué elementos del poema te permiten saber cuál es el tema?

_____

_____

_____

B. Trabaja con un compañero o una compañera. En voz alta, lean el pasaje. Presten atención a la entonación. Completen la tabla.

	Palabras leídas	–	Cantidad de errores	=	Puntaje: palabras correctas
Primera lectura		–		=	
Segunda lectura		–		=	

Nombre_____

El patio de mi casa

El patio de mi casa tiene un hermoso jardín.
Hay árboles, arbustos, plantas, mucho de lo que me gusta.
Trepo por el árbol más robusto,
Y salto desde allí al mullido césped que espera por mí.

Cuando vienen a casa mis vecinos
Me sugieren ver dibujos animados,
O me invitan a ver fútbol por televisión.
Pero yo les contesto: "Prefiero jugar en el jardín".

Responde las preguntas sobre el texto.

1. **¿Qué hace que este sea un poema de verso libre?**

_____

2. **¿Los versos de este poema son regulares o irregulares?**

_____

3. **¿Dónde le gusta jugar al narrador? ¿Qué prefieren hacer sus vecinos?**

_____

_____

_____

Nombre_____

La **imaginería** es el uso de lenguaje específico para crear una imagen mental en el lector. La **personificación** le da cualidades humanas a algo no humano como un animal o un objeto.

Lee los versos del poema de verso libre. Luego, responde las preguntas.

Me siento feliz

Cuando escucho cantar a mi abuela me siento feliz.
Su guitarra de madera clara toma vida, canta y danza sin fin.
Las notas, trino de pájaro, te hacen ver abuela, ¡ave!
Las notas, cascadas de fuente, te hacen ver abuela, ¡agua pura!

Las letras de tus canciones me cuentan de donde vengo.
Muchas otras preparan el rumbo a donde voy.
Las letras también me dicen,
Puedes ser un héroe,
Puedes ser tú.

1. **¿Cuál es un ejemplo de imaginería en el poema?**

   _____

   _____

2. **Señala un ejemplo de personificación en este poema.**

   _____

   _____

   _____

3. **Escribe otra estrofa que incluya imaginería y personificación.**

   _____

   _____

   _____

Nombre_____

Lee los versos. Subraya la metáfora que hay en cada uno. Luego, escribe los dos elementos que se comparan.

1. Las notas, trino de pájaro, te hacen ver abuela, ¡ave!

_____

_____

2. Las notas, cascadas de fuente, te hacen ver abuela, ¡agua pura!

_____

_____

3. Mi alma, sol que brilla al compás de tus tonadas.

_____

_____

Nombre_____

A. Lee el borrador de ejemplo. Las preguntas te ayudarán a pensar en detalles de apoyo que puedes agregar.

Borrador

Soy muy delgado como papá.

Tengo pecas pequeñas en mi cara como mamá.

Me gusta escribir notas en mis libros.

Me gusta saltar obstáculos en el gimnasio.

Mis padres son geniales.

---

1. ¿Qué detalle descriptivo indicaría qué tan delgado es el narrador?

2. ¿Qué detalle descriptivo mostraría qué tipo de pecas tiene el narrador?

3. ¿Qué detalle concreto indicaría lo que hace el narrador en sus libros?

4. ¿Qué detalle concreto indicaría qué tipo de salto le gusta hacer al narrador?

B. Ahora revisa el borrador y agrega detalles concretos que ayuden a los lectores a construir una imagen más clara.

_____

_____

_____

_____

_____

_____

Nombre_____

Grace escribió el siguiente párrafo para responder la pregunta: *Vuelve a leer los poemas "La cuna" y "El cedro". En tu opinión, ¿cuál poeta hace un mejor uso de la imaginería?*

> Pienso que Juana de Ibarbourou, la poeta que escribió "La cuna", hace un mejor uso de la imaginería, pues constantemente recurre a mis sentidos para permitirme formar las imágenes del poema con más claridad. Puedo imaginar, por los detalles descriptivos, la cuna en la que duerme el hijo de la voz poética cuando dice "la quería de mimbre, blanca y pequeña como un lindo cesto". Gracias a la imaginería "todas las tardecitas, a la hora en que este cedro amparador de nidos, se llenaba de pájaros con sueño, de música, de arrullos y de píos", puedo visualizar el momento en que la madre amamanta a su niño con mayor facilidad que la escena de "El cedro" en la que la voz poética planta el árbol. En "El cedro" no se utilizan tantos adjetivos, por lo que se me dificulta imaginar cómo es "la paz del hogar". Las palabras de "La cuna" me hacen sentir, o por lo menos imaginar claramente, la gratitud de la madre hacia el árbol. Todas las descripciones de este poema logran formar, eficazmente, imágenes tan concretas en mi mente, que pareciera que estuviera presenciando la escena.

Vuelve a leer el pasaje y sigue las instrucciones.

1. **Encierra en un círculo** la oración que expresa el punto de vista de Grace.

2. **Encierra en un cuadrado** una oración que sustente el argumento de Grace acerca del uso de la imaginería.

3. **Subraya** un detalle de apoyo que incluye Grace para evidenciar que las descripciones de "La cuna" logran formar imágenes más reales en su mente.

4. **Escribe** tres preposiciones que Grace incluye en el texto.

_____